Juan Ruiz de Alarcón

Quien mal anda en mal acaba

Barcelona **2024**
Linkgua-ediciones.com

Créditos

Título original: Quien mal anda en mal acaba.

© 2024, Red ediciones S.L.

e-mail: info@linkgua.com

ISBN tapa dura: 978-84-9953-679-8.
ISBN rústica: 978-84-9816-762-7.
ISBN ebook: 978-84-9897-936-7.

Cualquier forma de reproducción, distribución, comunicación pública o transformación de esta obra solo puede ser realizada con la autorización de sus titulares, salvo excepción prevista por la ley. Diríjase a CEDRO (Centro Español de Derechos Reprográficos, www.cedro.org) si necesita fotocopiar o escanear algún fragmento de esta obra.

Sumario

Créditos _____ 4

Brevísima presentación _____ 7
   La vida _____ 7
   La obra _____ 7

Personajes _____ 8

Jornada primera _____ 9

Jornada segunda _____ 53

Jornada tercera _____ 91

Libros a la carta _____ 129

Brevísima presentación

La vida
Juan Ruiz de Alarcón y Mendoza (1581-1639). México.
Nació en México y vivió gran parte de su vida en España. Estudió leyes y escribió sobre la vida cotidiana.

La obra
En *Quien mal anda en mal acaba* Juan Ruiz de Alarcón relata la historia del morisco Román Ramírez, quien fue encerrado por la Inquisición española y sometido a un larguísimo juicio.
Eugenio Hartzenbusch al editar las obras completas de Ruiz de Alarcón en 1852, estableció la mejor versión de este texto. La obra no aparece en las dos partes de las obras de Alarcón editadas entre 1628 y 1624. Y fue publicada por primera vez por el impresor sevillano Francisco de Leefdael, a mediados del siglo XVIII, siendo muy elogiada en el siglo XIX por Juan Eugenio Hartzenbusch y Agustín Millares. Antonio Castro Leal considera que *Quien mal anda en mal acaba* fue escrita entre 1601 y 1603.
Ruiz de Alarcón se vale en esta pieza de recursos inusuales en el teatro barroco español, como el uso muy frecuente de redondillas.

Personajes

Don Juan
Román Ramírez
Don Félix
Don Pedro
Tristán
El Demonio
Otro Demonio
Doña Aldonza
Leonor, criada
Dos Familiares
Criados
Músicos
Gente

Jornada primera

(Sale Román, vestido humildemente.)

Román
　　　　　　　Ni beldad ni gentileza
　　　　　igual en mi vida vi.
　　　　　Sin duda a sí misma aquí
　　　　　excedió naturaleza.
　　　　　　　Los miembros forma perfetos
　　　　　soberana proporción,
　　　　　y como la causa, son
　　　　　milagro en mí sus efetos,
　　　　　　　pues que su vista primera
　　　　　tanto en mi pecho ha podido;
　　　　　mas no fuera dios Cupido
　　　　　si igual poder no tuviera.
　　　　　　　Rindióme, hirióme, matóme
　　　　　de una vez. ¿Quién puede haber
　　　　　que tan divino poder
　　　　　con humanas fuerzas dome?
　　　　　　　¿Mas quién hay que sin ventura
　　　　　se atreva a tanta beldad?
　　　　　¿Cómo tendrá mi humildad
　　　　　alas para tanta altura?

(Sale Tristán, de camino, dirigiéndose a un mozo que está dentro.)

Tristán　　　　　Sacad las mulas, mancebo.

Voz (Dentro.)　　¡Cuerpo de Dios con la priesa!
　　　　　Aun no me he puesto a la mesa.

Tristán　　　　　Caminando como y bebo
　　　　　yo, como grulla, en un pie.

       Ensillad.

Román   Mientras es hora
       de partir, esa señora,
       me decid, ¿quién es?

Tristán   No sé.

Román   ¿Si el oficio entre su gente
       de mayordomo ejercéis,
       por qué causa respondéis
       un «no sé» tan secamente?

Tristán   No os espante que del eco
       guarde las leyes así;
       que si seco respondí,
       también preguntastes seco.
        ¿No dijérades siquiera:
       «Hidalgo, saber quería,
       si cabe en la cortesía,
       ¿Quién es esta pasajera?»
        Y no, sin haber jamás
       visto a un hombre: «Esa señora,
       me decid, mientras es hora
       de partir, ¿quién es?». Demás
        que estoy con vos en pecado,
       porque os he visto comer,
       y ni vino os vi beber
       ni tocino habéis probado;
        y de hablar con vos me corro;
       que quien no come tocino
       ni vino bebe, es indino
       de hablar ni escupir en corro.

Román	El padecer corrimientos,
	de flema y calor causados,
	hace para mí vedados
	esos dos mantenimientos;
	y si con menos razones
	que debiera os pregunté,
	soy hombre llano, y no sé
	cortesanas invenciones.
	Yo hablé con sinceridad,
	y con la misma os ofrezco
	mi amistad.
Tristán	Yo lo agradezco;
	mas porque hasta en la amistad
	fuese también desdichado,
	tengo el amigo primero
	que he encontrado, por agüero,
	que es lo mismo ser aguado.
Román	Desde hoy no lo pienso ser
	si con eso os obligáis.
Tristán	Pues a lo que preguntáis
	es justo ya responder.
	Don Francisco de Meneses,
	cuanto desdichado, noble,
	padre de esta hermosa dama,
	que Aldonza tiene por nombre,
	con ella y su casa toda
	de Deza partió a la corte,
	al pleito de un mayorazgo,
	que hoy es ya de Aldonza el dote.
	Venciólo al fin; mas no quiso

su fortuna que lo goce,
pues salió con la sentencia
la de su muerte conforme.
Aldonza, huérfana y sola
con esto, determirióse
a volver entre sus deudos
a Deza, su patria, donde
la espera ya, para ser
su esposo, don Juan de Torres,
mi señor, noble, galán,
rico y venturoso joven.
Y así, don Pedro, su primo,
que es el que veis, a la corte
se partió, para volverla
acompañando en su nombre;
que por no serle decente
antes que su mano goce,
no se atrevió a ser el mismo
precursor de sus dos soles.
Más que me habéis preguntado,
he dicho en breves razones
y adiós; que ya en la litera
la bella Aldonza se pone.

(Vase.)

Román   ¡Ah cielos! ¿Quién vio salir
de purpúreos pabellones
pródiga el alba de rayos,
lloviendo perlas y flores;
quién tras la fiera borrasca
que formó tremenda noche
vio el hermoso Autor del día
bordar claros horizontes,

quién por capital sentencia
esperó suplicio enorme,
y en dichosa libertad
trocó las duras prisiones;
que no juzgue, bella Aldonza,
si a tu beldad las opone,
alba, libertad y día,
sombra, esclavitud y noche?

(Sale doña Aldonza, de camino, y don Pedro, escudereándola, y Tristán, atraviesan el teatro.)

Tristán   Llegad, mancebos.

(Vanse doña Aldonza, don Pedro y Tristán.)

Román   ¡Oh Amor!
¡Dichoso don Juan de Torres,
que ha de gozar la belleza
mayor que el mundo conoce!
¡Ay de mí! Ya para entrar
en la litera recoge
las faldas. Amor, ¿qué he visto?
¿Qué nuevo inhumano golpe,
con breves puntos de un pie,
siglos eternos dispone,
tanto a los ojos de glorias,
cuanto al corazón de ardores?
¡Perdido estoy! ¡Estoy loco!
¡Muerto estoy! Ya el Sol se esconde,
que deslumbra cuando alumbra,
y ciega cuando se pone.
Ya camina. ¿Qué he de hacer?
Por valles, prados y montes

seré alfombra de sus plantas
sombra de sus resplandores.
No puedo más... No soy mío.
Miente la opinión, que pone
siempre elección de los actos
en la voluntad del hombre;
miente que no hay albedrío;
ley es todo, todo es orden
dispuesto por los influjos
de los celestes orbes.
Pues te sigo, bella Aldonza,
forzado de mis pasiones,
como el acero al imán
y como la aguja al norte;
dictándome la razón,
que el imposible conoce,
por ser nuestros dos estados
en todo tan desconformes.
¿Quién, pues, me dará esperanza
de que algún tiempo la goce,
si diabólicos engaños
no ayudan mis pretensiones?
Que según estoy, no hay cosa
que no intente, no hay desorden
que no emprenda, no hay delito
que mi atrevimiento estorbe.
¿Hay un demonio que escuche
estas quejas, estas voces,
y por oponerse al cielo
dé remedio a mis pasiones?

(Sale el Demonio, en forma de galán.)

Demonio   Román Ramírez.

Román	¿Quién es?
Demonio	Yo soy el mismo que llamas, que de las eternas llamas vengo en la forma que ves, a tus voces obediente, y dispuesto a tu favor.
Román	¿Qué dices?
Demonio	Pierde el temor, pues Amor es tan valiente. Yo soy tu amigo, que soy quien a tu abuelo ha servido de familiar. Condolido. Román, de tu pena estoy. Pero pues de mí te vales, pierde la desconfīanza; que o lograrás tu esperanza, o a los reyes infernales faltará el poder, la ciencia, la industria, el arte y engaño.
Román (Aparte.)	Si al inevitable daño de esta amorosa dolencia das fin... (Detestable medio es al que me determino; mas si del cielo me vino la desdicha, y no el remedio, ¿en qué dudo?) Una amistad eterna hallarás en mí, y en el niundo solo a ti adoraré por deidad.

Demonio	Pues con recíproco pacto
nos obligamos los dos:
tú a adorarme a mí por dios,
y yo, igualando al contracto,
a cumplirle, ese deseo,
y hacer que de Aldonza goces,
y que obedezca a tus voces
todo el reino del Leteo.
Riqueza, honor y opinión
de noble y sabio he de darte
y tras de todo, librarte
del poder y la opresión
de las justicias, de suerte
que te valga mi amistad
eterna felicidad
en la vida y en la muerte,
pues si mi amigo leal
hubieres sido en el mundo,
.... [-undo]
te trataré como tal.
Román	Pues con esas condiciones
me pongo ya en tu poder.
Demonio	Atiende a lo que has de hacer
para que tus pretensiones
consigas. Tú has de mudarte,
para no ser conocido,
el nombre; que concedido
me es a mí desfigurarte,
ofreciendo en lo visible
a los ojos otro objeto,
ya que el natural sugeto

	alterar no me es posible.
Con esto entrarás en Deza, / e indicios darás de que eres / hombre ilustre; di que quieres / disimular tu nobleza. /   Y para hacerte opulento / en riquezas y opinión, / y disponer la ocasión / a tu enamorado intento, /   médico te has de fingir; / que de él necesita Deza.
Román	¡Cómo podrá mi rudeza, / si ni leer ni escribir / jamás supe, acreditar / esa invención?
Demonio	Yo al oído / lo que el físico ha sabido / más docto, te he de dictar; / y pues no son a mi ciencia / angélica reservadas, / yerbas te daré adecuadas / a sanar cualquier dolencia. / Con esto y con los engaños / que según las ocasiones / tracen nuestras invenciones, / verás el fin de tus daños.
Román	Impide pues a don Juan / con Aldonza el casamiento / antes que logre su intento.
Demonio	Yo te lo ofrezco, Román;

	que de tal suerte los ojos de Aldonza inficionaré al mirarle, que le dé una vista mil enojos.
Román	Pues ya en todo te obedezco.
Demonio	¿Qué nombre te has de poner? Y advierte que no ha de ser de cristiano, que aborrezco sus ecos.
Román	Pónmele tú.
Demonio	Demodolo desde aquí te nombra.
Román	El tuyo me di.
Demonio	Yo me llamo Belcebú. Y con esto ven, amigo, para que el pacto confirmes, donde con tu sangre firmes lo que has tratado conmigo.
Román	Vamos.
Demonio	Tu lascivo ardor verás presto satisfecho.
Román	Tanto han podido en mi pecho codicia, ambición y amor.

(Vanse. Salen don Juan, Tristán, y don Pedro, de ciudad.)

Pedro	Ya, primo, estaréis contento, pues Aldonza, no obligada solo, pero enamorada, corresponde a vuestro intento.
Tristán	No pienso yo que agradó Narciso a la ninfa más.
Juan	¡Estoy loco! ¿Quién jamás tal belleza mereció?
Pedro	En ella las gracias todas el cielo quiso copiar; y adiós; que voy a sacar galas para vuestras bodas.
(Vase.)	
Tristán	¿Qué vestido piensas darme para estas fiestas, señor? Que yo también con Leonor tengo de matrimoniarme.
Juan	A tu voluntad está la tienda del mercader.
Tristán	¿Cuándo, Fortuna, he de ser venturoso? ¿Cuánto va que si lo voy a sacar, según nací desdichado, o el mercader ha quebrado o tú no te has de casar?

Juan	Calla. ¿Cómo puede ser,
	si Aldonza ya lo desea,
	ni que mi esposa no sea,
	ni que quiebre el mercader
	siendo tan ríco?

Tristán	Porque es
	mi Fortuna tan avara,
	que si en zapatos tratara,
	nacieran todos sin pies.
	Un amo que tuve yo,
	dijo, estando ya espirando:
	«A Tristanillo le mando...»
	y al momento mejoró.
	Pero mi suerte colijo
	que se engañó; que en teniendo
	más aliento, prosiguiendo,
	«Mando a Tristanillo», dijo,
	«que al punto que muera yo,
	le pague todo el dinero
	que me debe, a mi heredero.»
	Y en diciéndolo espiró.

Juan	Pues con tales desengaños,
	no te he de hacer bien jamás.

Tristán	Quiéreme mal y verás
	como vives dos mil años.

Juan	Ya sale Aldonza, Tristán.

Tristán	Di, señor, la que te adora.

(Salen doña Aldonza y Leonor.)

Leonor   Aquí está don Juan, señora.

(Hablan las dos aparte, junto a la puerta.)

Aldonza   ¡Qué dices! ¿Éste es don Juan?

Leonor   ¿En qué lo has desconocido?

Aldonza   O tú te engañas, o a mí
me engañó cuando lo vi,
o tengo el seso perdido.

Leonor   Lo postrero es lo que creo.
¿Qué has visto en él que te asombre?

Aldonza   ¿Don Juan puede ser un hombre
tan mal tallado y tan feo?
 El que yo he visto, el que quiero,
el que espera ser mi esposo,
es gallardo y es airoso;
éste es desairado y fiero.

Leonor   ¡Qué dices! ¿Estás sin seso?
¿Hay algún galán en Deza
que a su talle y getitileza
pueda igualar?

Aldonza   Y aun por eso
me afirmo en que no es don Juan.

Leonor   ¿Hay locura más extraña?
Dime, el que le acompaña
¿no es su críado Tristán?

Aldonza	Sí.
Tristán	¿Qué temes? ¿Qué contrario embistes?
Juan	Verla tan bella me acobarda.
Tristán	Aguarda que ella te saque por el vicario.
Leonor	Ya llega; agora verás cuál de las dos se ha engañado.
(Aparte.)	(O está loca, o se ha mudado.)
Aldonza	O estoy ciega o tú lo estás.
Juan	¿Cuando, bella Aldonza, harán nuestras bodas venturoso, al que solo en ser tu esposo funda su gloria?

(Al oído a doña Aldonza.)

Aldonza	¿Es don Juan?
Juan	¿Cuándo el alma que te adora con tan deseada unión en dichosa posesión se verá?

(Aparte a su ama.)

Leonor   ¿Es don Juan, señora?

Juan   Advierte, mi bien, que están
                             juzgando las ansias mias
                             eternidades los dias.

(Aparte a su ama.)

Leonor   Di ahora que no es don Juan.

Aldonza (Aparte.)   (¡Don Juan es, al fin! ¿Qué es esto?
                             ¿Qué puede ser? O venía,
                             cuando otras veces le veía,
                             tan aliñado y compuesto,
                               que las faltas ha podido
                             encubrir que agora veo,
                             o me engañaba el deseo,
                             o después acá ha tenido
                               algún furioso accidente
                             con que se ha desfigurado,
                             o por dueño me ha cansado;
                             que se juzga diferente
                               el que se teme marido
                             que el que se estimó galán.)

Juan   ¿No me respondéis?
(Aparte al criado.)   Tristán,
                             ¿Qué es aquesto?

Tristán   Mi vestido.

Juan   ¡Señora! ¿Qué novedad
                             es ésta, Leonor?

Leonor	No sé.
(Aparte.)	(Si puedo lo enniendaré.)

                    Pienso que una enfermedad
                       que en el corazón padece
                    y ha muy poco que le ha dado
                    este disgusto ha causado
                    que vuestro amor no merece;
                       que siempre que lo ha tenido,
                    aunque libre del dolor,
                    del melancólico humor
                    vuelve a cobrar el sentido.
                       Es tan turbado y confuso,
                    que por gran rato no entiende,
                    y la pasión le suspende
                    de las potencias el uso.
                       Yo apostaré que hasta agora,
                    don Juan, ni os ha conocido,
                    ni palabra os ha entendido.
                    Mira que es don Juan, señora,
                       quien te habla.

Aldonza (Aparte.)   (Estoy perdida.)

Juan   ¡Qué enfermedad tan cruel!

Aldonza (Aparte.)   (No me casara con él
                    si me importara la vida.)

Juan   Bella Aldonza, gloria mía,
                    si cuantas piedras cordiales
                    en las regiones australes
                    el ligero ciervo cría;
                       Si cuanta persiana yerba
                    y odorífero semnión,

        aplicado al corazón,
        de pasiones lo reserva;
          si cuanta perla luciente,
        cuanto purpúreo coral,
        antídotos de ese mal,
        engendra el mar y el oriente,
          alegrarte pueden, tantas
        me permite que te ofrezca,
        que al mundo todo empobrezca
        para enriquecer tus plantas.

Aldonza   Señor don Juan...

Leonor   Ya ha cobrado,
        pues habla, su entendimiento.

Aldonza   Ni sin salud hay contento,
        ni alegría con cuidado.
          Yo me siento de tal suerte
        sujeta a melancolía,
        que no hay para mi alegría,
        sino acercarme a la muerte;
          y así, es bien que el casamiento
        dilate hasta mejorar;
        que poco puede durar
        accidente tan violento;
          y entre tanto solo os pido
        que el visitarme, don Juan,
        excuséis; que sois galán
        hasta ahora, y no marido.

(Vase doña Aldonza.)

Tristán   Leonor, ¿qué ocasión ha hecho

	en Aldonza tal mudanza?
Leonor	¿Qué pensamiento lo alcanza? Algún demonio sospecho, por lo que mis ojos ven, que anda, Tristán, por aquí.
Tristán	¿Y hay demonio para ti? ¿Haste mudado también?
Leonor	Forzoso ha de ser mudarme si no se casan los dos.

(Vase Leonor.)

Tristán   Nunca, Leonor, me dé Dios
otro mal que no casarme.
  ¡Ah señor! ¿Qué suspensión
es ésta? ¿Estás persuadido
que ha causado mi vestido
este mal de corazón?
  «Tristan, ¿cómo puede ser,
si Aldonza ya lo desea,
ni que mi esposa no sea,
ni que quiebre el mercader,
  siendo tan rico?» Ya es clara
del mercader la ventura;
que a ser firme esta hermosura,
era fuerza que él quebrara.

Juan   No puede, no puede ser
que Aldonza se haya mudado.
Del corazón la ha obligado
la dolencia a proceder

    con tan extraña esquiveza;
que si de mí se agradó,
si contenta el sí me dio,
si yo adoro su belleza,
    si soy el mismo que fui,
si ella es la mesma que ha sido,
si ni de ofensa ni olvido
se puede quejar de mí,
    cosas son que contradicen
el crédito a su mudanza.

Tristán   Eso ha dicho la esperanza;
entran los celos y dicen.
    Si, aunque con mentira fea,
le han dicho algún mal de ti;
si después que te dio el sí
en nueva afición se emplea...

Juan   Calla, atrevido.

Tristán   ¿Es error
discurrir sin decidir?

Juan   Sí; que ofende el discurrir
en agravio del honor.

Tristán   ¿Puede ser?

Juan   No puede ser.

Tristán   ¿Qué mujer no se mudó?

Juan   No es mujer Aldonza, no.

Tristán	¡Vive Cristo, que es mujer, y se ha mudado, y perdido cuanta afición te tenía!
Juan	Pues ¿por qué ocasión podía mudarse?
Tristán	Por mi vestido; y apostara a que esto es cierto de ojo, a no recelar que ella te volviera a amar porque yo quedase tuerto.
Juan	Necio estás.
Tristán	Y tú estás ciego, pues en el aspecto triste de doña Aldonza no viste que de su amoroso fuego no hay ya ni aun cenizas frías.
Juan	Tú quieres matarme.
Tristán	Quiero, señor, no ser lisonjero.
Juan	¡Vive Dios, pues que porfías, y gustas de mi pesar, si no es cierta su mudanza y se cumple mi esperanza, que a palos te he de matar.
Tristán	Con eso, sí, los regalos de Aldonza has de conseguir.

(Sale Leonor, con manto.)

Leonor   Albricias vengo a pedir.

Tristán   ¡Mira lo que obran los palos!

Juan   ¿De qué, Leonor?

Leonor
           Al instante
que desconsolado y triste
de la presencia partiste,
don Juan, de tu hermosa amante,
  de todo punto cobró
su acuerdo y enternecida,
amorosa y condolida
de tu pena, te escribió
  los favores y regalos
que en este papel verás.

Juan   ¿Ves, Tristán, cuán necio estás?

Tristán   ¿Ves cuánto pueden mis palos?

Juan
           Por nueva tan venturosa
te da en albricias mi amor
esta cadena.

Tristán
           Leonor
ya no puedes ser mi esposa.

Leonor   ¿Por qué?

Tristán   Porque yo no fuera

	desdichado, a merecer
hermosa y rica mujer.
Juan	Calla; que ya, aunque no quiera
tu fortuna, pienso hacerte
venturoso, y el vestido
mejorar que he prometido.
Tristán	Tente, señor; que es perderte.
(Lee.)	
Juan	«Si os di nombre de marido,
Ya es fuerza por no matarme,
revocarlo, no casarme.»
¿Qué es aquesto?
Tristán	Mi vestido.
Leonor	¿Cómo dice?
Juan	¿Dónde hay pena
que iguale con mi pasión?
Tristán	¿Éstos los favores son?
Vuelve, Leonor, la cadena.
Leonor	Vuelve, don Juan, a leer;
que el papel me leyó a mí
Aldonza, y no dice así.
Juan	Sí dice.
Leonor	No puede ser.

(Lee.)

Juan
«Si os di nombre de marido,
ya es fuerza, por no matarme,
revocarlo, no casarme.»

Leonor
O el seso todo he perdido,
  o algún demonio a porfía
trueca las letras así;
que yo misma se le oí,
y tal razón no decía.

Juan
    Con industria lo habrá hecho
para engañarte, Leonor;
que viéndote en mi favor
aquel rigoroso pecho,
  trocó el sentido al papel;
porque si tú lo entendieras
es cierto que le impidieras
rsolución tan cruel.
  Ello es cierto; yo he perdido
el bien que no merecí.

Leonor
Prosíguela.

Juan
(Lee)
Dice así:
«De mi mal ha procedido
  la esquiveza y novedad
que disculpar es tan justo;
pues no parta con el gusto
su imperio la enfermedad.
  Doña Aldonza de Meneses.»
Leonor, tan clara razón

                  no admite interpretación
                  y, aunque tú misma le oyeses
                     lo contrario, esto que leo
                  viene de Aldonza firmado,
                  y es cierto que se ha mudado.

Leonor   Yo lo miro y no lo creo...
                   Dame el papel, que estoy loca
                  y corrida de que a mí,
                  ya que te la rompa a ti,
                  me trate con fe tan poca.

(Vase Leonor.)

Tristán   ¿Y la cadena? Voló.
                  Tú has hecho un gentil empleo.

(Sale don Félix que se queda retirado, escuchando a don Juan.)

Juan   Bien lo debo a su deseo,
                  cuando a sus efectos no,
                     ¡Pluguiera a Dios redimiera
                  lo menos del mal que lloro,
                  con cuanto rubio tesoro
                  produce la indiana esfera!

Félix (Aparte.)   (¿Qué escucho? Cuando es mi intento
                  pedir a don Juan, hermano
                  de mi Teodora, su mano
                  en albricias del contento
                     de su cumplida esperanza,
                  se lamenta. ¡Plega a Dios
                  que no nos dañe a los dos
                  igualmente una mudanza!)

	¿Qué es esto, don Juan?
Juan	Amigo, sucesos de un desdichado. Doña Aldonza se ha mudado.
Félix	¿Qué decís?
Juan	¿De lo que digo dudáis, cuando es en mi daño?
Félix	¿Y qué ha sido la ocasión?
Juan	Cierto mal de corazón, según dice, tan extraño, que de gusto y aun de seso la priva.
Félix (Aparte.)	(¡Hay desdicha igual!) Quiera Dios que vuestro mal estribe, don Juan, en eso; porque un médico extranjero ha venido, a cuya ciencia no hay reservada dolencia. Llevádsela; que yo espero no solo que librará de ese mal su corazón, pero que de su pasión la causa conocerá.
Tristán	¡Oh médico celestial!
Félix (Aparte.)	(Callaré mi pretensión hasta mejor ocasión;

                    que un triste no es liberal.)

Juan   ¿Que es tan sabio?

Félix   Eslo de suerte,
                 que por los pulsos y aspetos
                 penetra hasta los secretos
                 de la vida y de la muerte.

Tristán   ¡Qué adivina el extranjero
                 por los aspetos, señor!
                 Mátenme si este doctor
                 no fuere un gran embustero.

Félix   Con obras se acreditó;
                 que no con palabras solo.

Tristán   ¿Y llámase?

Félix   Demodolo.

Tristán   Miren si el nombre buscó
                    Famoso por lo exquisito,
                 por lo extraño provocante,
                 porque dé al vulgo ignorante
                 la novedad apetito.

Juan   Félix, toda mi esperanza
                 pongo yo en ese doctor.
                 A mí me cure de amor,
                 si a Aldonza no de mudanza.
                    Busquémosle.

Félix   De él espero

	el fin que tu amor desea.
Tristán	Yo, que su gualdrapa sea
	la tumba de tu dinero.

(Vanse todos. Sale doña Aldonza.)

Aldonza	Cielos, ¿qué vario accidente
	causa los males que lloro?
	Ausente a don Juan adoro,
	y lo aborrezco presente.
	La postrer vez que lo vi,
	disforme me pareció;
	y luego que se ausentó,
	reina ya su amor en mí,
	poniéndonme, porque muera
	a los ojos la memoria,
	la nunca igualada gloria
	que hallé en su vista primera.
	Quién vio tan nuevo furor,
	y quién tan loco accidente,
	que muera estando presente
	y viva, ausente, el amor?

(Sale Leonor, con manto.)

Aldonza	Leonor...
Leonor	Vengo tan corrida
	de que me hayas engañado
	con el papel que me has dado,
	que no olvidaré en mi vida
	este agravio.

Aldonza	No te entiendo.

Leonor	¡Bueno es leerme el papel,
	fingiendo que llevo en él
	a don Juan la vida, siendo
	   la sentencia de su muerte!
	¡No supiera yo leer!
	¡Mal haya el hombre o mujer
	que da de su humilde suerte
	   indicios con no saberlo!

Aldonza	¿Qué dices? Muestra y verás, Leonor, que engañada estás.
Leonor	¿Qué importa si has de leerlo conforme a tu voluntad?
Aldonza	Si con mi vida aseguro tu recelo, yo la juro de leerte la verdad.

(Lee)	«Si os di nombre de marido,
	ya es fuerza, por no matarme,
	revocarlo no, casarme.
	de mi mal ha procedido
	   la esquiveza y novedad
	que disculpar es tan justo,
	pues no parte con el gusto
	su imperio la enfermedad.»
	   ¿Ésta la sentencia ha sido
	de muerte?

Leonor	¿Hay tal confusión? Las mesmas palabras son, y no es el mismo sentido.

        ¿En qué estará? ¿Hay tal tormento
como ser de ingenio rudo?
¿A qué nació quien no pudo
merecer entendimiento?
        Pues muy contrario sentido
don Juan al papel ha dado,
con que se ha desesperado
tanto como yo corrido.

Aldonza   Misterio hay, Leonor en esto,
y a lo que puedo entender,
algún divino poder,
a nuestras bodas opuesto.
        Mas dime, por vida mía,
¿qué te pareció don Juan?

Leonor   Tan de buen gusto y galán,
que envidiarle el Sol podía.

Aldonza   ¿Cómo es posible que el verle
sola a mí me cause enojos?
Pues si estuviera en mis ojos
el defecto, ¿había de hacerle
        solo a don Juan, mi accidente
un agravio tan cruel,
pues a nadie sino a él
miro de sí diferente?
        No lo entiendo.

(Sale Tristán.)

Tristán   Mi señor,
tan enfermo de tu mal,
que está más que tú mortal,

| | te trae, señora, un doctor
            de cuya infalible ciencia
            huye medrosa la muerte,
            y los dos ya para verte
            solo aguardan tu licencia.

Aldonza   Entren. Por dicha mi amor
            hallará de tanto daño
            en don Juan el desengaño,
            o el remedio en el doctor.

(Salen Juan, Román, de doctor galán, y el Demonio, de platicante.)

Juan   Aldonza, con el cuidado
            de vuestra indisposición,
            mi abrasado corazón
            el remedio ha procurado.
                El señor doctor que os viene
            avisitar, no de humano,
            de médico soberano
            la fama y las obras tiene.
                Decid vuestro mal; que creo
            que tendrá fin la dolencia,
            si alcanza poder la ciencia
            y ventura mi deseo.

(Aparte a Leonor.)

Aldonza   ¡Ay triste de mí! Leonor,
            mi mal crece de hora en hora.

Leonor   ¿Qué sientes?

Aldonza   Don Juan agora

                me ha parecido peor.
                    ¡Qué narices!

(Hablando aparte el Demonio con Román.)

Demonio   El objeto
                falso que ofrezco a sus ojos
                en don Juan le causa enojos,
                y se queja de su efeto
                    Aldonza.

Román   Dime, ¿no fuera
                mi pretensión más segura
                si el hechizo en la hermosura
                de Aldonza lo mismo hiciera
                    que en don Juan, porque él viniese
                a aborrecerla también?

Demonio   No, Román. No te está bien,
                porque si él la aborreciese,
                    ni cuidara de su mal
                ni te hubiera menester;
                y el amarla le ha de hacer
                contigo tan liberal,
                    que goces de su riqueza
                gran parte, y no es de tu intento
                el más leve fundamento
                para alcanzar la belleza
                    de doña Aldonza.

Román   Bien dices.

Demonio (Aparte.)   (Lo más cierto es que pretendo
                que don Juan pierda, sintiendo

          los sucesos infelices
             de su amor, el sufrimiento,
          con que a delitos e injurías
          le precipitan las furias
          de su celoso tormento.)
             ¿Qué aguardas?

Román   ¿Has ya mudado
          lo visible en mí?

Demonio   No fuera,
          si alguno te conociera,
          poderoso mi cuidado.
             No temas.

Juan (Aparte.)   (Yo la he perdido.
          Con gran disgusto me mira.)

Tristán (Aparte.)   (Ella se queja, él suspira,
          y yo lloro mi vestido.)

Román   Si de las manos confiero
          las líneas con las señales
          del rostro, de vuestros males,
          señora, entender espero
             la verdadera ocasión.

Tristán   Señor doctor, no quisiera
          que esta cura adoleciera
          de la santa Inquisición.

Juan   Calla, necio.

Tristán   No me vayas

a la mano, porque he oído
decir que está prohibido
adivinar por las rayas;
 y yo soy, aunque me ves
en lo demás tan humano,
un católico cristiano,
testarudo aragonés;
 y no tiene el mundo aceros
iguales a mi coraje
para impedir el ultraje
de mi Dios y de mis fueros,
 pues tan sin dicha nací,
que siendo el más inocente,
se escapará el delincuente
y me prenderán a mí.

Román
 Por docto, tengo permiso
para valerme de tales
conjeturas y señales;
que la Inquisición no quiso
 prohibir tan milagrosos
misterios sino a ignorantes,
que con artes semejantes
dan luego en supersticiosos;
 pero yo, que con la ciencia
física llego a alcanzar
lo que ellas pueden mostrar,
de usarlas tengo licencia.
 Mandadle, señor don Juan,
dejarnos; que es peligroso
un testigo escrupuloso,
siendo ignorante.

Juan
 Tristán,

          véte al punto.

Tristán   Bien hacéis
en recelaros de mí,
que la leva os entendí.

(Vase.)

Román (Aparte.)   (Presto me lo pagaréis.)
Dadme el pulso.
(Aparte.)   (Oh, nieve pura,
como sois fuego de amor!)

Juan (Aparte.)   (¡Ah! ¡No fuera yo el doctor!)

Román   Libre estáis de calentura.
(Aparte.)   (Así lo estuviera yo.)
Alzad el rostro...
(Aparte.)   (¡Ay de mí!
Cuello hermoso, el cielo en ti
todo su poder mostró.)
          Dadme la mano...
(Aparte.)   (En que adora
cinco saetas mi amor.)

(Rehusa ella.)

Aldonza   ¿La mano?

Juan   El señor doctor
se entiende. Dadla, señora.

(Román tómale la mano izquierda.)

Román	Su virtud le comunica
a la izquierda el corazón;
y así por su indicación
sus sentimientos publica.
Con ella apretad la mía;
que la fuerza quiero ver
que tiene.
Leonor (Aparte.)	(No he visto hacer
jamás tal anatomía.)
Román	Apretadla.
Juan (Aparte.)	(Ya me dan
celos estas experiencias.)
Román
(Aparte a don Juan.)
(Aparte.)	Los misterios de las ciencias
son muy ocultos, don Juan.
Escuchadme y os diré
por no advertirla, en secreto
de esta experiencia el efeto.
(Con esto dilataré
La gloria que estoy mirando.)

(Habla a don Juan, recatándose de que le oiga doña Aldonza, y nunca deja su mano.)

> En la relacion que hiciere,
> es forzoso que se altere
> su corazón, en tocando
>   la causa de su pasión;
> y yo lo he de conocer,
> porque en la fuerza ha de haber
> aumento o diminución

>   y haciendo luego juicio,
> según la quiromancía,
> física y fisonomía,
> tendré verdadero indicio
>   de la secreta ocasión
> de su mal, y aplicaré
> el remedio, con que os dé
> su mudanza admiración.

Juan
> ¡Qué sutil filosofía!

(Aparte a Leonor.)

Aldonza
> ¿Has advertido, Leonor,
> Qué buen talle de doctor?

Leonor
> Extraña es su bizarría!

Román
>   Haced lo que os he advertido,
> hermosa Aldonza.

Aldonza
>   Yo siento
> lesión en mi entendimiento,
> turbación en mi sentido.
>   Siento inconstante deseo,
> frágil memoria, de modo
> que juzgo diverso todo
> de lo que vi lo que veo.

Román
>   Basta; que agora tocastes
> al punto. La alteración
> dio a la mano el corazón;
> que en la fuerza desmayastes.

(Aparte a Leonor.)

Aldonza   Dice verdad. Peregrino
　　　　　　　　　es el médico.

Leonor   ¡Hay tal cosa!
　　　　　　　　　Ciencia tiene milagrosa.

Juan   (Entendiólo. Él es divino;
　　　　　　　　　que aborrecer facilmente
　　　　　　　　　sin causa a quien ha querido,
　　　　　　　　　muestra que le ha parecido
　　　　　　　　　despues acá diferente.

Román   Señora, ya yo sospecho
　　　　　　　　　vuestro mal. Hechizos son
　　　　　　　　　los que en vuestro corazón
　　　　　　　　　tan gran novedad han hecho.

Leonor   ¿No lo dije yo?

Aldonza   ¡Ay de mí!

Román   Alguno que ciego adora
　　　　　　　　　vuestra hermosura, señora,
　　　　　　　　　quiere asegurarla así.

(El Demonio habla aparte a doña Aldonza, colocado a espaldas de ella.)

Demonio   ¿Quién sino don Juan sería?

Román   Indicio ofrecen notorio
　　　　　　　　　del maléfico amatorio
　　　　　　　　　vuestra gran melancolía,

	la turbación del sentido y variedad del deseo. ¿Cuánto va, Aldonza, que feo alguno os ha parecido, a quien juzgastes primero bizarro, hermoso y galán?
Leonor	Es verdad.
Aldonza	Esto en don Juan me ha sucedido, y ya infiero, Leonor, que lo has publicado.
Leonor (Aparte.)	Fálteme Dios si tal hice. (¡Loca estoy! Secretos dice que entre los dos han pasado.)
Juan (Aparte.)	(Él lo ha entendido. Yo soy quien ya le parezco mal.)
Aldonza (Aparte.)	(No vi jamás hombre igual.)

Román	Si con esto, Aldonza, os doy
	ocasión para admiraros,
	estos son cortos efetos;
	que secretos más secretos
	pienso presto declararos.
	  Agora os he de mostrar
	más clara la ciencia mía
	que por la quiromancía
	del todo he de penetrar
	  vuestro mal. Mostrad la palma
	de la mano, que es papel
	del cielo, que escribe en él

                        las afecciones del alma.
                           ¡Qué oscuras líneas! En ellas
                        se advierte la confusión
                        que padece el corazón.

(Bésale la palma.)

Juan						Pues, ¿qué hacéis?

Román						 Humedecellas;
                           que muestra en ellas la mano
                        más viveza y más color
                        con la humedad y calor
                        que les da el aliento humano.

Juan						 Aldonza pudiera hacello.
(Aparte.)					(No me puedo refrenar.)

Román						 Señor don Juan, a pensar
                        que os diera disgusto en ello,
                           ni lo hiciera, ni mis pies
                        estos umbrales tocaran
                        si en recompensa esperaran
                        innumerable interés.
                           Yo ejecuto con llaneza
                        los medios cuyos efetos
                        tocáis ya, pues los secretos
                        de la bella Aldonza empieza
                           a entender y declarar;
                        y cuando con la experiencia
                        que veis, pretende mi ciencia
                        lo que importan alcanzar,
                           me obligan vuestros recelos
                        a desistir, porque yo

vengo a dar salud, y no
desconfïanzas y celos.
   El tiempo os vendrá a mostrar
que es tan secreto y profundo
su mal, que nadie en el mundo,
sino yo, lo ha de curar;
   mas pues las llanezas mías
culpáis, buscad quien dilate
su enfermedad, y la mate
con purgas y con sangrías.

(Vuelve las espaldas.)

Aldonza   Aguardad.

Román (Aparte.)   (Con esto quiero
Mi estimación aumentar.)
Él mismo me ha de llamar,
y costarle su dinero.

(Vanse Román y el Demonio.)

Aldonza   Volved. Fuése. ¡Todo así
se conjura en afligirme!

Leonor   ¡Que se fuese sin decirme
la buenaventura a mí!

Aldonza   ¿Esto, don Juan, es fineza?
¿Esto debo a vuestro amor?
¿Celos formáis de un doctor?
Éraos ya a la sutileza
   de su ingenio tan pesada,
temiendo, si prosiguiera,

	que del todo descubriera
	que estoy de vos hechizada?
Juan	De mí, Aldonza!
Aldonza	Caso es llano.
	¿Quién sino vos desconfía
	de mi amor? ¿Quién pretendía
	asegurarse mi mano
	sino vos? ¿En quién miráis
	lo que ha obrado en mí el hechizo,
	sino en vos, si bien no hizo
	la operación que intentáis,
	pues que trocando la acción,
	por dicha me perderéis
	con lo que intentado habéis
	asegurar mi afición?
	Y tras de hacerme, con medio
	tan injusto, tanto daño,
	¡por encubrir vuestro engaño
	me quitáis a mí el remedio!
Juan	Aldonza, juraros quiero...
Aldonza	No por eso me aseguro;
	que también dará en perjuro
	quien ha dado en hechicero.
Juan	¿Hay tal rabia? He de perder
	la vida con la paciencia.
Aldonza	No me mintáis inocencia.
	Lo que importa es deshacer
	el daño, y hacer que vuelva

	a remediarlo el doctor;
	y mientras no, vuestro amor
	no espere que me resuelva
	a las bodas que desea;
	que obra contra vos de suerte
	el hechizo, que la muerte
	no me parece tan fea.
Leonor (Aparte.)	(Declaróse.)
Juan	Aldonza mía,
	solo por satisfaceros
	el médico he de traeros,
	si cuanta riqueza envía
	la oriental región me cuesta.
Aldonza	Hacedlo, y no me veáis
	primero que de él sepáis
	que estoy menos indispuesta.
Juan	¡Eso más!
Aldonza	Don Juan, no os pese;
	que a vos os importa.
Juan	¿Quién
	se vio a las puertas del bien,
	que como yo le perdiese?
(Vase.)	
Leonor	Rabioso va.
Aldonza	Y yo, Leonor,

quedo confusa, pensando
que de don Juan voy sanando,
y enfermando del doctor.

Fin de la primera jornada

Jornada segunda

(Salen Román, don Juan y el Demonio.)

Román
      Haber conmigo mostrado
tanta liberalidad,
conociendo la verdad
de mi intento y mi cuidado,
   me ha obligado a visitar
otra vez a Aldonza, y creo
que he de lograr mi deseo
porque la pienso gozar;
   que presto la habéis de ver
libre de aquella pasión
que en su amante corazón
tal mudanza pudo hacer.

Juan
      ¿Son, al fin, señor doctor,
Hechizos la causa de ella?

Román
      O no hay en el cielo estrella
ni en el Sol hay resplandor.
   Mas ni os aflija ni espante;
que, como me habéis pedido,
para saber quién ha sido
vuestro ofensor y su amante,
   he levantado figura.
Pero advertid que éstas son
cosas en que la opinión
y la quietud se aventura;
   y si lo que de ella infiero
os tengo de declarar,
palabra me habéis de dar
como noble caballero,

                        pues que os sirvo, del secreto;
                        que por nadie —¡vive Dios!—
                        lo hiciera sino por vos.

Juan   Como quien soy os prometo
                        fuera de que os dejaré
                        hoy, por lo que os he cansado,
                        liberalmenle pagado,
                        que el secreto guardaré,
                          contra que pierda el honor
                        y la vida.

Román   Pues, don Juan,

(Saca un papel de una figara levantada, y habla mirando a él.)

                        ....[-án]
                        en amistad y en amor
                          Fortuna adversa; y me obligo
                        a asegurar que os ha hecho
                        todo el daño el falso pecho
                        de vuestro mayor amigo.

Juan   Don Félix es el mayor.

Román   Las señas os puedo dar
                        de él, pero no señalar
                        la persona. Es de color
                          trigueño, y es de mediana
                        estatura y voz suave,
                        ni bien sutil ni bien grave.
                        Goza la estación lozana
                          de su juventud, y tiene
                        negra la barba y cabello.

Juan
          Basta para conocello;
que cuánto dices conviene
   con las señas claramente
de Félix.

Román
            El declararos
celoso antes de informaros
será acción poco prudente.
  Velad; y pues confíado
de que vos lo estáis está,
en su descuido hallará
la verdad vuestro cuidado.
  Y voyme, don Juan; que es hora
de ver mis enfermos.

Juan
                Solo
quiero saber, Demodolo,
si la que mi pecho adora,
   según vuestra astrología,
corresponde a quien me ofende.

Román
    Tanto en su afición se enciende
cuanto en la vuestra se enfría.

(Hablan Román y el Demonio.)

Demonio
    Loco queda.

Román
           Su furor
con Félix le precipite,
y su discordia me quite
tan fuerte competidor;
  que más seguro pretendo

             con su ausencia o con su olvido;
             y queda tan bien perdido
             matando como muriendo.

(Vanse Román y el Demonio.)

Juan   ¿Es posible que haya sido
             Félix amigo traidor?
             Pero las fuerzas de amor,
             ¿qué obligación no han rompido?
                ¿Puede engañarse la ciencia
             y mentir la astrología?
             Sí; mas la desdicha mía
             me niega esta contingencia.
                Sombra seré, por los cielos,
             de su vida y sus acciones.
             irgos serán mis pasiones,
             y linces serán mis celos;
                y si me ofende, ha de ver
             en su muerte mi venganza;
             que a quien pierde la esperanza,
             ¿qué le queda que perder?

(Sale don Félix.)

Félix   Si es cierto que la amistad
             hace de dos almas una,
             cierto es que en vuestra fortuna
             tengo [mi felicidad.]
                Dadle pues a mi cuidado
             una nueva venturosa.
             ¿Qué hay de vuestra prenda hermosa?
             Demodolo, ¿hase afirmado
                en que nace su cuidado

	de su pernicioso encanto?
Juan (Aparte.)	(¡Ah cielos! No ayuda tanto
	la amistad, sino el amor.
	Quiero engañarle y fingir
	que soy ya dicioso amante;
	que con esto en el semblante
	el pecho ha de descubrir.)
	Don Félix, el accidente
	que la mudanza causó
	de doña Aldonza pasó
	como exhalación ardiente;
	que por ser de lo violento
	tan breve la duración,
	volvió a su antigua afición
	fácilmente el pensamiento.
	Muy presto la norabuena
	me daréis de mi alegría.
Félix	Decid, don Juan, de la mía
	pues no era menor mi pena.
(Aparte.)	(Si declararte codicias,
	ésta es, Félix, la ocasión
	de tu abrasada pasión
	pide el remedio en albricias.
	Atrévete; que el contento
	jamás avariento ha sido.)
Juan (Aparte.)	(Por Dios, que se ha suspendido
	mal se encubre el sentimiento.)
Félix	Si nuestra firme amistad
	me puede dar confianza
	a una atrevida esperanza,

        don Juan, licencia me dad
          para poder declararos
mi intento.

Juan   Tanto agraviáis
mi amistad cuanto dudáis
que nada puedo negaros.

Félix   La hermosa doña Teodora,
vuestra hermana, en quien Amor
cifra su gloria mayor,
si por bella me enamora,
   por sangre vuestra me obliga
a que, en albricias del bien
de haber vencido el desdén
de vuestra amada enemiga,
   os pida su blanca mano,
pues nadie puede fundar
su esperanza ni valor
a cielo Lan soberano
   con más alas que yo vuelo.
Merezca pues que en un día
vuestra ventura y la mía
celebre y envidie el suelo.

Juan (Aparte.)   (¡Ved si ha obrado mi ficción!
No es amor, sino venganza
de su perdida esperanza,
la causa de esta intención;
   que no haberla declarado
hasta ahora, que he fingido
que soy de Aldonza querido,
indicio evidente ha dado
   de que este medio escogió

	con que su desdén castigue,
	porque con celos la obligue
	lo que con hechizos no.)

Félix   Don Juan, ¿de qué os suspendéis?
                      ¿No admitís mi pensamiento?

Juan   Antes, Félix, el contento
                    de la merced que me hacéis
                      con razón me ha suspendido.
                    Luego propondré a mi hermana
                    vuestro intento, y lo que gana
                    con tan principal marido.
                      Y si admite, como espero,
                    nueva de tanta alegría,
                    sin que aguardéis a la mía,
                    hacer vuestra boda quiero.
(Aparte.)   (Así pretendo probar
                    la verdad de su intencion.)

Félix   No, don Juan; que no es razón
                    que Félix lleque a alcanzar
                      tanta dicha sin que vos
                    la vuestra alcancéis tambien;
                    que el bien para mí no es bien
                    si no es común a los dos.
                      Fuera de que no sería
                    bien pensado duplicar
                    los gastos por no aguardar
                    a hacerlos un mismo día.

Juan (Aparte.)   (¿Ya quién duda que es venganza
                    de Aldonza el fin de este intento,
                    pues resiste al casamiento

	hasta perder su esperanza
con verme en la posesión
de su mano? ¡Ah cielo santo!
¿Cómo se refrena tanto
mi ofendido corazón?)
Félix	Don Juan, ¿qué determináis?
Juan (Aparte.)	(Asegurarlo conviene.)
Quien más voluntad no tiene
que la vuestra, ¿qué dudáis
que hará vuestro gusto?
Félix	Hablad Luego a la bella Teodora.
Juan	Ni vuestras partes ignora,
ni dudo su voluntad.
Félix	Si la merezco, daréis
la vida al mayor amigo.
Juan (Aparte.)	(Y a mi mayor enemigo
la muerte, si me ofendéis.)

(Vanse los dos por diferentes partes. Salen Román y el Demonio.)

Román	¿Porqué dilatas mi gloria?
Tu amistad y tu poder,
¿qué Sirven, si no he de ver
tan deseada victoria?
Demonio	Román, la amistad enfrena
al poder, porque si usara
de él, tus artes publicara,

      y te expusiera a la pena.
    Por esto con tal templanza
has de remediar tu mal,
que parezca natural
el triunfo de tu esperanza.
    Usa de la industria en tanto
Que provechosa te fuere;
y en lo que ella no valiere,
ocurrirás al encanto.
    Por todas partes camina
felizmente tu deseo,
pues por los efectos veo
que cuanto Aldonza imagina,
    es solo en la gallardía
que en tus partes le he mostrado;
y ciega de este cuidado,
Ahora a llamar te envía.

Román   Solo acreditar me falta
de principal caballero;
que éste es el medio postrero
de alcanzar gloria tan alta.

Demonio   Ya la invención conveniente
para ese fin he trazado.
De la corte se ha ausentado
un don Diego, descendiente
    de Guzmanes, por no hacer
un casamiento a disgusto
porque a su padre era justo,
que le trocó, obedecer.
    Yo trazaré cómo crea
Aldonza que este don Diego
eres tú.

Román   De tanto fuego
librarse el alma desea.

Demonio   De su persona las señas
finjo yo, para este efeto,
en el engañoso objeto
que tú en lo aparente enseñas.
   Mas oye lo que he de hacer;
que ya Leonor ha llegado.

(Sale Leonor, con manto, quedándose a escuchar al paño.)

Leonor   Solo está con su críado.
Desde aquí quiero atender
   a lo que los dos platican,
por ver si averiguo así
estas sospechas que en mí
por puntos se multiplican.

(Hablan aparte Román y el Demonio.)

Demonio   Con esto has de acreditar
tu nobleza mentirosa;
que Leonor quiere curiosa
lo que hablamos escuchar.

Román   Comienza.

Demonio   ¿Cómo, señor,
un hombre de tu nobleza
quiere ejercitar en Deza
el oficio de doctor,
   pudiendo en la corte estar,

                        por quien eres estimado?
                        ¿Cómo no te da cuidado
                        el sentimiento y pesar
                           de tu padre don Fernando
                        de Guzmán, el noble viejo
                        de quien eres claro espejo?

Leonor   ¿Qué es lo que estoy escuchando?

Román   Todo lo advierto; mas es
                        el casarme a mi disgusto
                        un tormento tan injusto,
                        que me obliga a lo que ves.
                           Por no hacerlo me ausenté,
                        y de lugar en lugar,
                        en Deza vine a parar,
                        donde este oficio tomé
                           por vivir más disfrazado,
                        y porque usar lo podía
                        como quien filosofía
                        y otras ciencias ha estudiado;
                           que si bien fue el aprendellas
                        entonces curiosidad,
                        hoy es ya necesidad
                        a este fin valerme de ellas.
                           Mudé en Demodolo el nombre
                        de don Diego de Guzmán,
                        con que mis intentos van
                        tan seguros, que no hay hombre
                           que pueda saber quién soy.

Leonor   ¿Quién tal pensara?

Román   Y tú ves

	que es tan pródigo interés
	el que gano, que si voy
	a este paso, no habrá cuenta
	que lo sume; con que puedo
	lucirme mientras no heredo
	los cinco mil que de renta
	goza mi padre.

Leonor   ¡No es nada!
           Luego vi que este doctor
           era noble.

(Aparte Román y el Demonio.)

Román   ¿Oye Leonor?

Demonio   Atenta está y admirada.

Román   Prosigue.

(Alza la voz.)

Demonio   Todo es verdad;
           mas según tendrá deseo
           de hallarte tu padre, creo
           que hiciera a tu voluntad
              de tu esposa la elección.

Román   Que no la tengo imagino.
           Preso está, si libre vino
           a Deza mi corazón.
             Si puedo, ha de ser mi esposa
           la que adoro.

Leonor	¿Quién será?
Demonio	¿No ves lo mal que te está? Que aunque es principal y hermosa debes aspirar, señor, por tu calidad y hacienda, a más soberana prenda.
Román	¡Qué poco sabes de amor! No hay grandeza que prefiera a la que mi pecho adora.
Leonor	Mas, ¿si fuese mi señora? ¡Que dicha tan grande fuera!
Demonio	Pues ¿para qué te atormentas? Dile quién eres; que es cierto que alcanzarás por concierto lo que por amor intentas.
Román	¿Cómo quieres que acredite con ella esta novedad, sin que hacer de la verdad más probanza solicite? Pues haciéndola, es forzoso que se publique mi intento, y mi padre el casamiento me ha de estorbar cuidadoso. Fuera de que tanta gloria quiero por mí merecer; que cuando la da el poder, no estima Amor la victoria.
Leonor	No hay más que esperar.

(Llégase a los dos.)

Román   ¡Leonor!

Leonor   Doña Aldonza, mi señora,
a quien ha apretado agora
el melancólico humor,
    os suplica que al momento,
la visitéis.

(A Román, al oído.)

Demonio   Éstos son
efectos de su aficíon,
aunque disfraza el intento.

Román   Como debe, se apercibe
a servirla mi cuidado.

(Sale Tristán, con un bolsón de dinero.)

Tristán   De mi señor, que obligado
se te confiesa, recibe,
    señor, estos cien doblones.

Román   Veinte escudos te darán
el porte de ellos, Tristán.

Tristán   Desde el sur a los tríones
    te canten mil alabanzas
por cada maravedí;
que de mi fortuna así
la primer victoria alcanzas,

                        pues no podrá despintarme
                        estos escudos que están
                        en mi mano.

Leonor   Ya, Tristán,
                        tienes con qué regalarme.

Tristán   ¿Aun no te has ido? ¡Qué presto,
                        porque mi desdicha arguya,
                        hallé quien me disminuya
                        la ventura! Mas, ¿qué es esto?

(Vacía el bolsón, y son cuartos.)

                        En cuartos se han convertido
                        los doblones. Pues yo fui
                        quien los conté, yo los vi;
                        mas mi desdicha ha podido
                            hacer tal transformación.

Román   Yo no creyera este engaño,
                        de vos, Tristán.

Leonor   ¡Caso extraño!
                        ¿Agora das en ladrón?

Tristán   ¡Bueno está! Voto no a Dios,
                        que por mis ojos los vi
                        que eran doblones.

Román   Así
                        atestiguáis contra vos,
                            porque si traéis vellón,
                        y doblones recibistes,

| | vos solamente pudistes
hacer la transformación.
    Volved pues por los doscientos
escudos antes, Tristán,
que sepa el señor don Juan
vuestros bajos, pensamientos. |
| :--- | :--- |
| (Aparte.) | (Así quiero que empecéis,
necio, a sentir el castigo
de ser tan libre conmigo.) |

(Vase Román.)

| Demonio | ¡Ah, Tristán! ¿Ésas tenéis? |

(Vase el Demonio.)

| Leonor | Pensé, Tristán, que tuvieras,
solos para regalarme,
veinte escudos; y obligarme
agora mejor pudieras
   que los doscientos empuñas;
mas ya no espero tocarlos;
que tienes para guardarlos
poco amor y muchas uñas. |

(Vase Leonor.)

| Tristán | ¿Aun eso más? ¿Quién se ha visto
en un lance tan confuso?
Mi propria mano los puso
en el bolso, y voto a Cristo,
   que eran éstos cien doblones
de oro fino. Algún demonio
con tan falso testimonio |

>   me solicita ocasiones
>   de desesperar. Yo soy
>   quien los conté, yo los vi
>   ni estaba borracho allí,
>   ni aquí tampoco lo estoy.

(Vuelve a vaciar el bolsón, y caen escudos.)

>   Pero, ¡qué miro! ¿No son
>   doblones éstos que toco?
>   ¡Válgame Dios! ¿Si estoy loco?
>   Sí; ¿qué mas información
>   que háberlos allá tenido
>   por cobre, y por oro aquí?
>   Pero lo mismo que a mí
>   a todos ha parecido.
>   Que me engaño agora creo;
>   mas éstos, doblones son.
>   No es sueño, no es ilusión;
>   que por mis ojos los veo.
>   Pues abora, ¿qué he de hacer?
>   Que si al doctor se los doy,
>   el delito de que estoy
>   indiciado han de creer;
>   si no se los doy, también.
>   ¿Quién vio mayor confusión?
>   Ya ha quedado por ladrón
>   sin culpa un hombre de bien.

(Sale don Félix.)

Félix   Tristán, ¿qué es eso? Parece
>   que estás disgustado. Ahora
>   que ha de gozar la que adora

	tu dueño, ¿qué te entristece?
Tristán	¿Gozar o qué? De su amor muy mal sabéis el estado; nunca tan desconfiado se vio don Juan mi señor.
Félix	¿Cómo?
Tristán	Para que lo crea, ¿no es probanza suficiente el mandarle expresamente Aldonza que no la vea? Mirad cuánto desconfía pues han podido obligalle los celos a que en la calle me mande estar en espía para averiguar de quién ha nacido su mudanza.
Félix	Nunca más firme esperanza tuvo don Juan de su bien, si no me quiso engañar.
Tristán	Industria debió de ser; que es treta del mercader que está cerca de quebrar ostentar más bizarría, porque con eso desmienta las sospechas; que así aumenta el crédito en quien le fía. ¿No veis los competidores que contra sí disperara don Juan, si no publicara

                confianzas y favores?

Félix   Eso no corre conmigo,
que amigo soy verdadero.

Tristán   Para este fin el primero
se ha de engañar el amigo;
   que engañado, como entiende
no serlo, con mas fervor
el crédito y el honor
del que le engañó defiende,
   jurando una falsedad
sin perjurarse; y lo hiciera
con tibieza si supiera
que no jura la verdad.
   Demás que los deseosos
como los sarnosos son.

Félix   ¡Notable comparación!

Tristán   Siempre dicen los sarnosos,
   aunque esté en mayor pujanza
la sarna, que ya se quita.
Así en los que solicita
el amor es la esperanza;
   que consuelan con engaños
ellos mismos su pasión
cuando hay mayor comezón
de celos y desengaños.

Félix   Yo, Tristán, he sospechado
que don Juan por excusarme
la pena que ha de causarme
con la suya, me ha engañado.

Tristán	Pienso que has dado en lo cierto.
Félix	Pues vive Dios, que ha de ser doña Aldonza su mujer, o verse a mis manos muerto quien dio la justa ocasión a la mudanza.
Tristán	Escuchad. puies os negó la verdad mi señor, será razón, ya que yo os la declaré, que no lo sepa don Juan.
Félix	Pues no le digas, Tristón, que me has visto.
Tristán	Así lo haré.
Félix (Aparte.)	(A Aldonza tengo de ver e inquirir este secreto, pues hasta que tenga efeto el de don Juan, no he de hacer con su hermana el casamiento. Quizá podrá mi cuidado descubrir quién la ha obligado a que mude pensamiento.)

(Vase don Félix.)

Tristán	A nuestra tema volvamos. ¿Qué harémos, Tristán, en esto de los dobiones, supuesto

que la opinión arriesgamos?
Mas don Juan es el que viene.
¿Qué puedo hacer? A callar
me resuelvo hasta pensar
mejor lo que me conviene.

(Sale don Juan.)

Juan
¿Diste al doctor el dinero,
Tristan?

Tristán (Aparte.)
(¿Qué diré?)
Señor,
oye. En casa del doctor
hallé a Leonor.

Juan
Lo primero
de todo, Tristón, me di
si el dinero recibió.

Tristán (Aparte.)
(Mucho aprieta.)
Nunca yo
Afirmo lo que no vi.
Iba a llamarle Leonor
de parte de su señora...

Juan
Eso está bien. Dime agora,
¿diste el dinero al doctor?

Tristán (Aparte.)
(Dalle.)

Juan
Responde.

Tristán (Aparte.)
(Ya sé

      con lo que me he de excusar.)
      Yéndole, señor, a dar
      los cien doblones, troqué
       el bolso en que los llevaba
      con uno de cuartos mío,
      y fue tal mi desvarío,
      porque de él no me acordaba,
       temiendo que Demodolo
      sospechase mal de mí,
      que avergonzado salí,
      y después, estando solo,
       el bolso de los doblones
      hallé; mas no me he atrevido
      a llevarlos, de corrido,
      hasta que con él me abones.

Juan   Llévalos luego; y agora
      dime quién ha paseado
      esta calle o visitado
      a la que mi pecho adora.

Tristán   Ninguno de quien tu bien
      no se pueda confíar,
      porque solo he visto entrar
      a Félix agora.

Juan   ¿A quién?

Tristán   A Félix.

Juan (Aparte.)   (¡Ah santos cielos!)
      ¿Hablóte o viote?

Tristán   Señor,

       ni me habló ni vio.

Juan (Aparte.)   (¡Ah traidor!
      Ved si son vanos mis celos.
       Mataréle, aunque ha de hacerme
      su muerte quedar perdido.
      Si a Aldonza pierdo ofendido,
      vengado quiero perderme.)

(Vase don Juan.)

Tristán   ¡Con qué pulgas preguntó
      si me habló! Por si de mí
      hubiera sabido aquí
      la verdad que él le negó!
       ¡Mal año! ¡Miren si ha sido
      prevención provechosa!
      No hay alhaja más preciosa
      que ser un hombre entendido.

(Vase. Salen doña Aldonza, Félix y Leonor.)

Aldonza   Mal celebra el descontento,
      Félix, las fiestas de Amor,
      y yo, que de este dolor
      Tan afligida me siento,
       no es mucho que a la esperanza
      de don Juan la ejecución
      dilate; que es dilación
      la que veis, y no mudanza.
       Y si está en darle la mía
      en daros su hermana a vos
      la mano, pedidle a Dios,
      don Félix, mi mejoría.

(Sale don Juan y escucha desde el paño.)

Félix
No atribuyáis al dolor
esquiveza semejante;
que el más indispuesto amante
sana gozando su amor.
  Aldonza —¡viven los cielos!—
que hace la mudanza en vos
estos efetos.

Juan (Aparte.)
  (¡Por Dios,
que le está pidiendo celos,
  persuadido de mi engaño
a que me ha vuelto a querer!)

Félix
  Mirad que aunque en la mujer
no es, señora, caso extraño
  el mudarse, en las que son,
como lo sois, principales,
infaman defectos tales
su nobleza y opinión;
  y habiendo ya vuestros labios
pronunciado el sí, no es justo
hacer, por leyes del gusto,
a las del honor agravios.

Aldonza
  Ya, Félix, os he afirmado
que se ha engañado y mentido
quien ha dicho o entendido
que mi pecho se ha niudado.

Juan (Aparte.)
  (¿Satisfacciones le das?)

Aldonza	Con esto podéis dejarme, porque no pienso cansarme en satisfaceros más.
Félix	Porque ofende quien porfía, os suplico solamente que abreviéis, que está pendiente de estas bodas mi alegría.

(Apártase de doña Aldonza, y ésta se vuelve de espaldas y habla con Leonor.)

Juan (Aparte.)	(Primero venganzas mías Os darán muerte, traidor.)

(Al retirarse don Félix encuentra a don Juan.)

Félix	¡Don Juan amigo?

(Hablan los dos a un lado, y doña Aldonza con Leonor al otro.)

Aldonza	Leonor, prosigue lo que decías.
Félix	¿Llegáis agora?
Juan (Aparte.)	Llegué en este punto. (El cuidado que le da si le he escuchado, en la pregunta se ve. Disimular lo que he oído importa; que así aseguro la venganza que procuro.) ¿Quién duda que habréis venido a pedir a la que adora

	mi abrasado pensamiento
	que abrevie mi casamiento,
	por llegar al de Teodora
	vos más presto?

Félix	Y juntamente
	con eso, le vine a dar
	de que os volviese a estimar
	las gracias.

Juan (Aparte.)	(¡Qué diferente
	es acusar su mudanza
	de agradecer mi ventura!)

Félix (Aparte.)	(Pues ocultarme procura
	el mal fin de su esperanza,
	no es bien que por entendido
	me dé con él de su engaño.)

Aldonza	¿Hay suceso más extraño?
	¡Qué gran dicha hubiera sido
	que fuese yo la querida
	de don Diego de Guzmán,
	cuando sus ojos me dan
	con el veneno la vida!
	Decir en la corte oí
	que se ausentó. ¿Quién creyera
	que a darme en Deza viniera
	tan nuevo cuidado a mí?
	Mas a Madrid es razón
	escribir para informarme;
	que no es cordura arrojarme
	con liviana información.
	Y en tanto importa, Leonor,

	este secreto encubrir;
	que el verme le han de impedir
	si saben que no es doctor.
Leonor	Cuando por ti no callara,
	lo hiciera porque imagino
	que don Diego es adivino
	y que de mí se vengara.
Félix	Adiós; que os quiero dejar
	a solas; que los testigos
	son del amor enemigos.
(Aparte.)	(No le quiero, avergonzar
	con ver de Aldonza el rigor,
	pues él lo encubre de mí.)
(Vase.)	
Juan (Aparte.)	(Sus celos pretende así
	disimular el traidor.
	¿Iréme o veréla?
	¡Cielos!
	Aconsejadme en tal pena;
	que su desprecio me enfrena
	cuanto me animan los celos.)

(Salen Román y el Demonio. Doña Aldonza sigue hablando con Leonor sin reparar en Juan ni en los demás.)

Román	Don Juan, ¿qué hacéis?
Juan	No os espante
	el verme aquí; que al temor
	de Aldonza y de su rigor

	es esta puerta un gigante
	que el paso me impide.
Román	Entrad;
	que quiero ver si en su pecho,
	cierto remedio que he hecho
	causa alguna novedad.
(Aparte al Demonio.)	La fealdad has de aumentar
	agora a don Juan.
Demonio	Sí, haré.
Román	Quiero que Aldonza le dé
	causa de desesperar.
Juan	No espero que en mi favor
	Aldonza se haya mudado;
	que tengo ya averiguado
	que es don Félix el traidor
	que me ofende.
Román	Ya veréis
	En mi verdad mi deseo.
(Adelántanse.)	
Aldonza	Don Diego es éste que veo.
Leonor	Y don Juan.
Aldonza	¿Qué me queréis,
	don Juan? Dejadme, por Dios.

(Cae desmayada en los brazos de Leonor.)

Román	Perdió el sentido.
Juan	¡Ay de mí!
Román	Bien se echa de ver aquí que al hechizo contra vos la fuerza le han aumentado.
Juan	Es cierto; que el alevoso don Félix partió celoso; y de mi engaño, obligado, porque le dije que ya ha vuelto Aldonza a quererme, para ganarla y perderme, nuevos conjuros hará.
Román	Idos pues, don Juan, de aquí; que miéntras presente estéis, ni favor alcanzaréis, ni Aldonza volverá en sí.
Juan	¿Hay tal desdicha?
Román	Idos presto.
Juan	De vuestra ciencia confío que su remedio y el mío tengo de alcanzar.
Román	Supuesto que de su mudanza loca sabéis la ocasión, haced vos lo que os toca, y creed

	que haré yo lo que me toca.
Juan	A mí me toca el castigo de don Félix. El traidor muera, pues es el mayor enemigo un falso amigo.

(Vase. Hablan aparte Román y el Demonio.)

Demonio	Ya va resuelto a matar a don Félix.
Román	La ventura que pretendo me asegura si lo llega a ejecutar.
Leonor	Señora, ¿hay pena mayor? Señor doctor, ¿qué aguardáis, que el remedio no aplicáis a este tan mortal dolor?
Román	La fuerza te mostraré de la medicina agora. Déme su mano. ¡Ah, señora!
Aldonza	¿Fuése don Juan?
Román	Ya se fue.
Leonor	¿Cómo te sientes?
Aldonza	Mejor despues que se fue, y después que he mirado, como ves,

	que está aquí el señor doctor.
Román	Siendo tan en mi favor
el remedio, no dudéis
que salud alcanzaréis;
aunque yo voy sospechando
que tengo de ir enfermando
al paso que vos sanéis.
Aldonza	¿Hay contagio en el humor
que causa mi mal?
Román	Y tal,
que sin pegar vuestro mal,
no sanaréis del dolor.
Aldonza	¿Y sentís, señor doctor,
que os toca la pena mía?
Román	Tanto, que apostar podría
que nunca con tal exceso
os tocó a vos.
Aldonza	Y aun por eso
siento yo tal mejoría.
Román	¿Pensáis pagarme la cura?
Aldonza	El alma es premio pequeño.
Román	No podréis; que tiene dueño.
Aldonza	Así tuviera ventura.

Román	¿Fáltale a tanta hermosura?
Aldonza	¿Qué desventura mayor que acrecentarme el dolor quien cura la enfermedad?
Román	Si le calláis la verdad, no echéis la culpa al doctor.
Aldonza	Dijéralo si pensara que estaba en esto mi bien.
Román	¿Pues de quién lo espera quien al doctor no se declara?
Aldonza	A mi pesar me repara la obligación del recato.
Román	Decid solo cómo os mato y os sano, Aldonza.
Aldonza	Mi mal curáis como original, Y causáis como retrato. Enigma es vuestro dolor, que mi ciencia desanima.
Aldonza	No os espante si es enima, pues lo es también el doctor.
Román	Mi confusión es mayor.
Aldonza	Entended, pues sois tan sabio, lo que os encubre mi labio.

Román	El atreverme a entender el pensamiento es hacer al poder del cielo agravio.
Aldonza	Pues yo no he de declararme.
Román	Pues yo no os he de curar.
Aldonza	Aguardad.
Román	¿Qué he de aguardar, si no quereis confĺarme vuestros males?
Aldonza	Si a sanarme os obligáis, no os serán ocultos.
Román	O no tendrán los astros cierto valor.
Aldonza	¿Conocéis, señor doctor, a don Diego de Guzmán?
Leonor (Aparte.)	(¡Mal año! ¿Qué ojos le echó al inocente crĺado! Sin duda que ha sospechado que el secreto descubrió.)
Aldonza	¿Qué dudáis?
Román	Aldonza, yo soy...

Aldonza	¿Vos sois?
Román	Soy extranjero, digo, y a ese caballero no conozco.
Aldonza	Toda estoy turbada con el «yo soy» que pronunciasteis primero; que es don Diego de Guzmán el que por fama me mata, y esa persona retrata las señas que de él me dan.
Román	¿Tan gallardo y tan galán soy, que a parecerme llego al que os causa amor tan ciego?
Aldonza	Pues para que otra mas alta que yo os estime, ¿qué os falta mas a vos que ser don Diego?
Román	¡Quién fuera don Diego!
Aldonza	¡Bien! ¡Qué falso estáis!
Román	Si yo fuera tan venturoso, ¿estuviera con vos falso? Aldonza, ¿quién no gozara tanto bien si fuera don Diego?

Aldonza	¿Luego solo eso os falta?
Román	Estoy ciego.
Aldonza	Pues sí no lo vi jamás, y le parecéis, ¿hay más que fingir que sois don Diego?
Román	Tras tan claro desengaño, fingirlo ¿qué me importara?
Aldonza	Tal estoy, que eso bastara para remediar mi daño.
Román	Pues si es bastante el engaño, que soy don Diego haced cuenta.
Aldonza	Yo estoy con eso contenta.
Román	Y yo muriendo por vos.
Aldonza	Y yo por vos.
Leonor	¡Gloria a Dios, que llegamos a la venta!
Román	¿Seré tu esposo?
Aldonza	No doy favor a quien no ha de serlo.
Román	¿Cuándo podré merecerlo?

Aldonza   A obligarme empiezas hoy.

Román   Sí; mas si en la cumbre estoy
de tu favor, ¿ya qué resta?

Aldonza   Aunque el alma esté dispuesta,
aun no lo está la ocasión,
si atiendo a la obligación
de cuerda, noble y honesta.

Román   La dificultad mayor
en declararse consiste.

Aldonza   Haz cuenta, pues, que venciste
si ya te he dicho mi amor.

(Hacen que se van.)

Román   En la esperanza hay temor;
la posesión asegura.

Aldonza   Si has de estimar mi hermosura,
deseos te ha de costar;
que alcanzar sin desear
da desprecio a la ventura.

Román   Antes da la brevedad
al bien calidad mayor.

Aldonza   La estimación es menor
si es mayor la calidad
demás que a decir verdd,
es templo la dilación
de tu vida o mi opinión.

Román	¿Qué temes?
Aldonza	Lo que dirán, y los celos de don Juan, de quíen sabes la pasión.
Román	Presto don Juan no será importante impedimento.
Aldonza	¿Cómo?
Román	Porque el sentimiento en estado le pondrá, si algo sé, que no podrá ser digno de tanto bien, aunque ablandes tu desdén.
Aldonza	Pues con eso seré luego tu esposa, si eres don Diego.
Román	¿Y si no lo soy?
Aldonza	También.

Fin de la segunda jornada

Jornada tercera

(Salen don Juan y Tristán, de noche.)

Tristán   Agora te contaré,
pues ya las trasformaciones
te he dicho de los doblones,
el remedio de que usé
     contra el encanto que así
infamarme solicita,

Juan   Dilo pues.

Tristán   De agua bendita
un vaso, señor, henchí,
     y dentro de ella el dinero
entregué al doctor, seguro
de tramoyas, que el conjuro
contra su virtud es huero.

Juan   ¿Qué diabólica legión,
atenta solo a mis males,
de los reinos infernales
conduce al mundo Plutón?

Tristán   Todo es encanto, y es tanto,
que estoy ya flaco de miedo.

Juan   Con esta espada, si puedo,
he de vencer el encanto.

Tristán   Un hombre viene, señor.

Juan   Véte a recoger.

Tristán
>Sin duda,
>pues que tripulas mi ayuda,
>has creído mi temor;
> mas ¿cuándo Tristán ignora
>tu pecho?

Juan
>   En teniendo efeto,
>te descubriré el secreto
>que es fuerza callar agora.
>   Véte.

Tristán
>   Si has de pelear,
>el obedecerte es justo;
>que en cosas más de mi gusto
>no suelo yo porfíar.

(Vase Tristán.)

(Salen Román y el Demonio, de noche y hablan los dos aparte.)

Demonio
>Éste es don Juan, que en la calle
>de Aldonza está en centinela;
>pues don Félix se desvela
>con sospechas, engañalle
> tu pretensión dispondrá;
>que la persona fingiendo
>yo de Félix, y saliendo
>de cas de Aldonza, creerá
>   su agravio.

Román
>   Con eso fío
>que por lo menos de intento
>mudará en su casamiento,

	y dará lugar al mío.
Demonio	No puede hacer la verdad más efecto.
Román	Hablarle quiero para acreditar primero su traición y mi amistad.
Juan (Aparte.)	(Si es Félix, aquí verán sus traiciones el castigo que merece un falso amigo.) ¡Ah, caballero!
Román	¿Es don Juan?
Juan	¿Quién lo pregunta?
Román	Quien solo os busca para mostraros cuánto os estima, con daros un aviso.
Juan	¿Es Demodolo?
Román	El mismo y porque veáis ya mi amistad, ya mi ciencia, quise que a mi diligencia el desengaño debáis; que vuestros ojos verán que don Félix está agora gozando de la que adora vuestro ciego amor, don Juan.

Juan   Qué decís!

Román   No me ha mentido
quien me lo ha dicho jamás.
No puedo deciros más;
y si no me habéis creído,
   aquí pienso acompañaros
hasta que lo averigüéis,
y a lo que determinéis,
si algo os importo, ayudaros.

Juan   Yo estimo el ofrecimiento;
pero mal os lo pagara
si conmigo os arriesgara
en la venganza que intento.
   Solamente me ayudad
en esto con el secreto.

Román   Como amigo os lo prometo.

Juan   Recogéos pues, y dejad
lo demas a cargo mío.

Román   Pues solo queréis tomar
venganza, por no agraviar
vuestro valor, no porfío.

(Habla aparte al Demonio.)

                Agora es tiempo.

Demonio   ¡Cumplir
parto al punto lo que ordenas!

(Vase.)

Román (Aparte.) (Con esto el fin de mis penas
 pienso, Aldonza, conseguir.)

(Vase Román.)

Juan ¿Es posible que es liviana
 Aldonza, y Félix traidor?
 ¿Tanto en él pudo el amor,
 tanto en ella la inhumana
 potestad que la ha hechizado?
 Mas no hay hechizos; bastó
 ser ella mujer, y yo
 un hombre tan desdichado.
 Mas yo, ¿para qué me pierdo
 por una mujer, error
 que juzga por el mayor
 y por sin disculpa el cuerdo?
 Más, aunque de esto me acuerde,
 déme el más cuerdo a entender
 por qué se puede perder
 quien por mujer no se pierde.
 Pero mi enemiga ha abierto
 la puerta, y un hombre ya
 sale; esto es hecho.

(Sale el Demonio, que ha tomado la forma de don Félix.)

 ¿Quién va?

Demonio ¿Quién lo pregunta?

Juan (Aparte.) (Ello es cierto;

          que su voz no me ha engañado.)
          Traidor, éste es el castigo
          que merece un falso amigo.

(Saca la espada, y dale.)

Demonio   ¡Yo soy muerto!

Cae dentro

Juan   Y yo vengado.

(Vase. Salen Leonor y doña Aldonza, acabando de leer una carta.)

Leonor   ¿Qué te escribe?

Aldonza   La probanza
          De mi ya segura gloria.
          Dice que es cierta la historia
          En que fundo mi esperanza.
             Todas las señas, Leonor,
          Con que retrata a don Diego,
          son las que mi pecho ciego
          idolatra en el doctor.

Leonor   No tienes ya, según eso,
          qué dudar ni qué temer.

Aldonza   Solo temo ya perder
          con tanta ventura el seso.

Leonor   Él viene.

Aldonza	A solas le harán mis porfías declararse. Véte.
Leonor (Aparte.)	(Al fin vendrá a quedarse en el aire el buen don Juan.)

(Vase. Sale Román.)

Román	Ya, Aldonza, no impedirá don Juan nuestro pensamiento, pues el celoso tormento le privó de seso ya.
Aldonza	¿Loco está?
Román	No os lastiméis.
Aldonza	Yo le aborrezco de suerte que aun diciéndome su muerte lastimarme no podéis.
Román	Él, pues, ha dado en decir que es Félix, su amigo estrecho, el que mudar os ha hecho; y que viéndole salir de vuestra casa a deshora, le dio muerte; y lo ha creído de modo, que retraído está por el caso agora.
Aldonza	¿Luego vive Félix?
Román	Vive

	bueno y sano.
Aldonza	¿Qué decís?
Román	Probar podéis lo que oís, si alguna duda recibe.
Aldonza	¿Tanto lo ha sentido? Tanto pudieron con él los celos?
Román	Piedades son de los cielos, codolidos de mi llanto.
Aldonza	¿Y cómo os va de don Diego?
Román	Si con el alma que os doy os consuelo cuanto soy, ¿por qué lo que soy os niego? Don Diego soy. Verdad es cuanto os han dicho de mí y desde la corte aquí la estampa de vuestros pies vine borrando, señora, con mis labios; que ésta fue la ocasión por que tomé el nombre que finjo agora. Quiso mi padre obligarme a ser de otra dama esposo, y por él me fue forzoso, como por vos, ausentarme. El temor de la opresión de mi padre si me hallara, hizo que el nombre mudara; y por tener ocasión

        de poderos dar indicio,
bella Aldonza, de mi amor,
tomé oficio de doctor,
que es licencioso este oficio.
        Si antes os negué quién soy,
fue porque son enemigos
del secreto los testigos;
mas ya que con vos estoy
        a solas, y satisfecho,
por lo que importa a los dos,
de que está segura en vos,
la llave os doy de mi pecho.
        Y puesto que la locura
de don Juan lo facilita,
vuestro amor, señora, admita
lo que ofrece la ventura.

Aldonza
        En mi firme voluntad
no pongáis duda, señor,
cuando vos sabéis mi amor,
y yo vuestra calidad.
        Mas mi mudanza es forzoso
primero justificar,
publicando en el lugar
que don Juan está furioso;
        pues sus deudos y los míos
se ofendieran de otra suerte,
y temo que en vuestra muerte
castiguen mis desvaríos.

Román
        No temáis; que al mismo instante
que os merezca, me podré
declarar; con que seré
a refrenarlos bastante.

| | Mas porque el temor evite
que su indignación os da,
para hacerlo, ¿bastará
que don Juan lo solicite? |

Aldonza   Claro está; mas ¿de qué modo
             le obligaréis?

Román   Quered vos;
             que el Amor, señora, es dios;
             su industria lo alcanza todo.

Aldonza   Y yo de vuestra prudencia
             mayores empresas fío.
             Disponed de mi albedrío.

Román   Parto pues. Dadme licencia;
             que cada instante es eterno
             antes de la posesión.

(Vase.)

Aldonza   Los puntos de dilación
             trueco yo a siglos de infierno.
             Si es verdad, dichosa he sido.
             ¡Leonor!

(Sale Leonor.)

Leonor   ¿Qué me mandas?

Aldonza   Parte
             al punto a certificarte
             si está don Juan retraído.

Leonor	¿Retraído? Pues, ¿qué exceso tan grave pudo emprender que le obligue a retraer?
Aldonza	Dicen que ha perdido el seso de celos; y da en decir que ha muerto a Félix, su amigo, porque de verse conmigo anoche le vio salir.
Leonor	¿Matóle?
Aldonza	Falsa es la muerte como la causa lo fue. Haz lo que te digo.
Leonor	Iré con alas a obedecerte.

(Vanse. Sale un Demonio, en figura y traje de sacristán, con unos panecillos y una bota de vino.)

Tristán	Saber quisiera, sacristán divino, pues de esta iglesia sois el inquilino, si hay en ella fantasmas y visiones que a golpes, bofetadas, pescozones los retraídos huéspedes regalen?
Demonio	Pues, ¿qué os ha sucedido?
Tristán	Toda la santa noche me han molido,
Demonio (Aparte.)	(Castigos son que da a tu atrevimiento,

                        Román, de quien yo soy el instrumento
                        en la visible forma que he tomado
                        de sus mágicas artes obligado.)
                        Yo no sentí jamás tales asombros.
                        El miedo os fingirá espíritus malos.

(Mete en un arca el pan y vino, y échale la llave.)

Tristán   El miedo asombros da, pero no palos.
                        Mas, ¿qué es lo que guardáis

Demonio   Es pan y vino
                        de una ofrenda.

Tristán   A extremado tiempo vino,
                        si queréis convidarme.

Demonio   Esto es del cura.

Tristán   Nunca de vuestra mala catadura
                        esperé yo más virtuoso oficio.

Demonio   Ser de lo ajeno liberal, es vicio.

(Vase y hace caediza la llave.)

Tristán   ¿Engáñome o cayósele la llave?
(Alza la llave)   Sí. De su cortedad he de vengarme.
                        Mas ¿si vuelve? ¿Qué importa? ¿Ha de matarme?
                        Pues de la bota soy amante ciego,
                        Un chupón le he de hacer, y suplir luego
                        con agua el hurto, y no seré el primero
                        que achaca su delito al tabernero.
                        Abrid quedo, Tristán, porque el ruido

no descubra el delito; que andaremos
al morro el sacristán y el retraído.

(Abre el arca, y aparece un difunto; deja Tristán caer la tapa y ciérase el arca.)

¿Qué es esto? ¡Verbum caro! ¡Anima Christi!
El arca en ataúd se ha convertido,
y con el vino el muerto ha revivido.

(Sale el Demonio, de sacristán.)

Demonio   ¿Qué es aquesto, Tristán? ¡Oh qué mal hueles!

Tristán   Informan de mi miedo esos papeles.

Demonio   Pues, ¿de qué le has tenido?

Tristán   En este punto
esa arca abrió un difunto,
y en ella se ha escondido.
La hora es ésta que el vino se ha bebido.

Demonio   Mal la disculpa de tu error trazaste.
Cayóseme la llave, y tú la hallaste,
y al muerto tu delito has imputado.

Tristán   Por estos ojos el difunto he visto
dentro del arca, voto a Jesucristo.

Demonio   No jures; que me ofendes con nombrarle.

Tristán (Aparte.) Perdona. (El sacristán es un bendito.)

Demonio   Quiérote convencer de tu delito.

(Abre el arca, y no hay en ella más que el pan y el vino.)

      ¿Qué es del cadáver? ¿Ves tus invenciones?

Tristán   ¿Qué me queráis, fantasmas y visiones?

Demonio   Basta, Tristán. Yo quiero convidarte,
      porque sin duda estás necesitado,
      pues hurtar intentabas en sagrado.

(Saca el pan y el vino.)

Tristán   El cielo te lo pague; que el desvelo
      desde que media noche era por filo,
      me tiene, como dicen, en un hilo.

Demonio   Desayúnate pues.

El pan se vuelve en ceniza, y el vino en tinta

Tristán   ¡Jesus mil veces!

Demonio   Calla ese nombre.

Tristán   ¡Ah, perro! ¿Lo aborreces?
      Pues mil veces Jesús.

(Huye el Demonio. Sale Leonor, con manto.)

Leonor   Tristán, ¿qué es esto?

Tristán   ¡Que no me valga a mí, por desdichado,
      contra los diablos el lugar sagrado!

Leonor	¿Qué tienes?
Tristán	¡Ay Leonor! Dos mil demonios esta noche, que he estado retraído por la muerte de Félix, me han curtido, y agora un sacristán, o yo estoy ciego, o se ha desparecido echando fuego.
Leonor	Ya conozco, Tristán, tus invenciones desde aquel cuento de los cien doblones.
Tristán	¿Hay más desdicha? ¡Que en sucesos tales aún no merezcan crédito mis males!
Leonor	Dejemos eso, y dime. Al fin ¿es cierto que don Juan se retrajo porque ha muerto a Félix?
Tristán	De eso puedo yo informarte, como quien tuve en ello tanta parte.
Leonor	Di cómo.
Tristán	Mi señor, para matarle, no quiso que yo fuese a acompañarle mas como soy fiel, le fui siguiendo, y quedéme a cien pasos tras la esquina de la calle en que tuvo la mohina. Salió don Félix de tu casa, cierra don Juan con él, abrázanse y en tierra dieron los dos, mas mi señor debajo. Yo, que puesto le miro en tal trabajo desde la esquina donde estaba tiro

	la daga a Félix… Yo propio me admiro;
	pues estando abrazados, sin que un pelo
	a mi señor cortase mi destreza,
	le di a Félix con ella en la cabeza,
	y como peje rey quedó ensartado
	por las sienes, del uno al otro lado.
Leonor	¡Temerario mentir!
Tristán	Si por ventura
	sospechas que te engaño,
	ves allí a mi señor.
Leonor (Aparte.)	(¿Hay tal locura?
	Sin duda son hechizos que le han dado,
	como a Aldonza, a don Juan y a su criado.)
	Quédate a Diós, Tristán; que no venía
	a saber otra cosa.
(Vase Leonor.)	
Tristán	Leonor mía,
	aguarda. ¿Así te vas?

Al irse Leonor, le tira Tristán del manto, y ella al entrar descubre en las espaldas un figurón, cayéndosele el manto

¡Otra tenemos!
¡San Jorge! ¡Qué visión!

(Salen don Juan y don Pedro.)

Juan	Tristán, ¿qué tienes?

Tristán	Temblando estoy. ¿No dicen que en la iglesia
no puede entrar el diablo?
Pedro	Son consejas
de ignorantes, de niños y de viejas.
Tristán	Pues como ahora con vosotros hablo
he hablado cara a cara con el diablo.
Juan	Siempre el temor te forma esas visiones.
Tristán	Vive Dios, que es verdad.
Juan	Deja invenciones;
que no es tiempo de gracias.
Tristán	En efeto,
quiero callar; que no será discreto
el que contare cosas que no espere
que las ha de creer quien las oyere.
Pedro	Proseguid vuestro suceso.
Juan	Sabiendo al fin, como os digo,
la traición de tal amigo,
perdí de cólera el seso;
y siendo esta noche espía
vigilante con los celos,
cuando estrellas a los cielos
y sueño al mundo esparcía,
de casa de Aldonza vi
que mi enemigo salió.
Habléle, y me respondió,
y en la voz reconocí

| | ser Félix; y despechado
             con la ofensa, le maté;
             y aunque perdido quedé,
             quedé, en efecto, vengado. |
|------------|---|

Tristán   Venimos a retraernos
                   luego a este iglesia, y barrunto
                   que en venganza del difunto
                   se han soltado los infiernos.
                     Y como nunca ha sabido
                   el demonio hacer justicia,
                   castiga en mí su malicia
                   lo que yo no he delinquido.

Pedro   ¡Estáis cierto en que murió
                   Félix allí? Que hasta ahora
                   ni lo ha sabido Teodora,
                   ni la fama divulgó
                     en el lugar nuevas tales.

Juan   Por no dudarlo, le di,
                   después que muerto le vi,
                   mil estocadas mortales.

(Sale don Félix, hablando con un Criado.)

Pedro   ¿No es don Félix el que llega
                   a la iglesia?

Juan   ¿Desvarío
                   o sueño?

Tristán   Él es. Amo mío,
                   ¿a mí también me la pega?

Pedro	Qué es esto, don Juan?
Juan	No sé.
Tristán	O hay otro Sinón en Troya, o éste es Félix de tramoya, o el que mataste lo fue...
Juan	¿Quién se ha visto tan confuso como yo?
Tristán	O él, de gallina, te dio con la mortecina, o tú eres valiente al uso de estos que con invenciones se suelen acreditar.
Juan	La vida me han de acabar tan terribles confusiones. Mas si es tan grande hechicero que el seso a Aldonza quitó, ¿quién duda que se libró por encanto de mi acero?

(Al Criado.)

Félix	Esto has de hacer con cuidado.
Criado	Siempre con él te serví.

(Vase.)

Tristán	¿Qué habemos de hacer aquí; que llega el resucitado?
Félix	Don Juan, por haber sabido de vuestra hermana Teodora, yendo a buscaros agora que estábades retraído, vengo celoso, por Dios, de no haber participado del caso, y haberme hallado, si sois mi amigo, con vos en el suceso que pudo causar esta novedad.
Juan (Aparte.)	(¡Que así me finja amistad!)
Félix	¿Cómo, don Juan, estáis mudo y recatado conmigo?
Juan (Aparte.)	(¿Qué es esto cielos? ¿Qué haré? Si anoche me declaré por su mortal enemigo, si me di por ofendido cuando salió de agraviarme, y él lo vio, ¿cómo he de darme aquí por desentendido?)
Félix	Colijiendo voy cuán poco de mi amistad confiáis, pues la respuesta dudáis.
Pedro (Aparte.)	(Don Juan sin duda está loco, o es Félix Ulises griego en engañar y fingir.)

(Aparte a don Juan.)

Tristán Señor, ¿cómo has de salir
de laberinto tan ciego?

Juan (Aparte.) (Ya el ingenio me ha ofrecido
una importante invención.
Yo he de acusar su traición
sin darme por entendido.)
 De verme tan recatado,
don Félix, no os espantéis;
que en el suceso veréis
si con causa lo he callado.
 Yo supe que cierto amigo
fingido, traidor, infiel,
profesando yo con él
la amistad que vos conmigo,
 me ofende en la pretensión
de Aldonza. Vile salir
anoche de conseguir
por dicha la posesión.
 Yo, que de agraviado estoy
loco, desnudé la espada,
y a la primer estocada
cae diciendo: «¡Muerto soy!».
 Pero yo, aun no satisfecho,
aunque muerto le juzgué,
abrirle al alma intenté
muchas puertas en el pecbo.
 Vine a retraerme al punto
a este templo, y he sabido
agora que ni aun herido
está cuanto más difunto;

	que se libró de mi acero
	por hechizos; que el traidor
	tiene más de encantador
	que de honor de caballero,
	y muerto se me fingió
	de temeroso y cobarde,
	.... [-arde;]
	y aunque entonces me engañó,
	no presuma el hechicero
	no ser vencido jamás;
	que alguna vez podrá más
	que sus conjuros mi acero.

(Aparte.)   (Bien se lo he dado a entender.)

Félix

El ha sido caso extraño;
mas el autor de ese engaño
quisiera, don Juan, saber,
  si fiáis de mi amistad;
que sabré morir por vos.

Juan (Aparte.)

(¿Hay tal fingir? ¡Vive Dios
que es la misma fálsedad!)
  Don Féiix, solo os podré
decir, pues me preguntáis
quién es, que si lo ignoráis
vos tampoco lo sé;
  y adiós que los dos tenemos
un negocio que tratar.

Félix (Aparte.)

  Adiós. (¿En qué han de parar
estos confusos extremos?)

(Vase don Félix.)

Juan	Sin seso voy de corrido.
Pedro	Y yo lo voy de admirado.
Tristán	O el demonio se ha soltado, o mi amo ha enloquecido.

(Vanse los tres. Salen Román y el Demonio.)

Román	En habiéndole propuesto que de la injusta mudanza de Aldonza tome venganza con la ficción que he dispuesto, ponle en la imaginación que yo la persona sea que lo finja, si desea ver de ello la ejecución.
Demonio	Poco sastisfecho estás de que penetro tu intento. Proponle tu pensamiento, y déjame lo demás; que fuera de eso, de modo sus sentidos turbaré, qe entero crédito dé y consentimiento a todo. Él viene.

(Sale don Juan.)

Juan	Doctor amigo, loco estoy.
Román	Tenéis razón.

              Ya sé, don Juan, la ocasión,
              pues de su justo castigo
                por encanto se ha librado
              Félix.

Juan   Vos me aconsejad,
              pues que de vuestra amistad
              y saber me he confíado.

Román   Don Juan, vuestro mal con vos
              no puede más que conmigo,
              después que la ley de amigo
              hizo un alma de las dos;
                y así, quiero en este intento
              lo que importa aconsejaros,
              y hasta morir ayudaros.

Juan   Decid, pues.

Román   Estadme atento.
              Para lograr vuestro amor,
              busquemos un forastero
              no conocido, que sea
              pobre y de vil nacimiento,
              y dando a entender a Aldonza
              y a sus deudos que es don Diego,
              de que inducirá testigos
              mi industria y vuestro dinero,
              sin daros por entendido
              del agravio que es ha hecho
              con don Félix, le decid
              que ya que vuestros deseos
              desprecia, vos por mostrarle
              que es vuestro amor verdadero,

en cambio de sus ofensas
solicitáis sus aumentos.
siendo un pródigo interés
de este delito el tercero,
con él habéis de tratar
que en el oscuro silencio
de la noche de sus bodas,
en cambio de él, vos el lecho
de doña Aldonza ocupéis.
Después de gozarla, el trueco
desharéis, y él otro día
se ausentará porque el riesgo
de ser descubierto evite.
Mataréis a Félix luego;
que yo me obligo a trazarlo.
Descubriráse el enredo,
quedará burlada Aldonza,
cumplido vuestro deseo,
vuestro ofensor castigado,
y vos vengado y contento
o perderéisos por todo,
ya que resolvéis perderos.

Juan   Pues, Demodolo, vos sois
de cuya amistad e ingenio
la ejecución de este caso
fíar solamente puedo.
Forastero sois, y en Deza
no conocido, y no espero
que como vos pueda alguno
acreditar que es don Diego;
que con tan bizarras partes,
ya del alma, ya del cuerpo,
para serlo solo os falta

                        el nombre de caballero.

Román (Aparte.)   (Ya me ruega con su dama.
                        Agora he de hacer que él mesmo
                        me lo pague.)

Juan   Demodolo
                        ¿dudáis?

Román   No penséis que el riesgo
                        me acobarda, ni el perder
                        las riquezas de este pueblo;
                        que lo que a dudar me obliga
                        es solo haber de perderos,
                        siendo forzoso ausentarme.

Juan   No perderéis; que supuesto
                        que mis delitos también
                        me han de obligar a lo mesmo,
                        adonde quiera que vais
                        acompañaros prometo.

Román   Con eso me determino,
                        y luego a trazar comienzo
                        invenciones con que entiendan
                        en Deza que soy don Diego.

Juan   Yo a juntar voy, para daros,
                        cuantas riquezas poseo,
                        y a tratar con mi enemiga
                        el fingido casamiento.

(Vase.)

Román   Aldonza me dé la mano
                que con sus engaños mesmos
                a de engañarse don Juan.
                Pues ha publicido el pueblo
                que soy don Diego, han de darme
                su cautela y su dinero
                y mis artes fuertes armas
                contra él mismo; y porque el riesgo
                huya mejor, con hechizos
                le he de hacer que pierda el seso,
                y la vida si me importa.
                Pues que me ayuda el infierno
                gozaré de Aldonza bella;
                y antes que descubra el tiempo
                mi delito, ausentaréme,
                pues por la mágica puedo
                penetrar en breves horas
                los más apartados reinos;
                con Aldonza si me agrada,
                sin ella si la aborrezco;
                que no siempre son iguales
                las pasiones y el deseo.
                Y a lo menos rico iré
                a tan remoto hemisferio,
                que no siendo conocido,
                viva alegre y sin recelo
                de castigos ni venganzas.
                Bien lo trazáis, pensamiento,
                si piadosa la Fortuna
                facilita los sucesos.

(Vase. Salen don Juan, doña Aldonza, Tristán y Leonor.)

Juan   Hermosa Aldonza, esto he hecho

       por mostrar, cuando a venganzas
me obligan vuestras mudanzas,
que atiendo a vuestro provecho.
    Y porque ninguno en Deza,
cuando no os merezco yo,
blasone que os mereció,
goce de vuestra belleza
    don Diego, que es forastero,
y os merece, y no me ofende,
pues vengo en lo que él pretende
a ser yo mismo el tercero.
    A la corte iréis, y así
aplacaré mis enojos
con no tener a los ojos
la ventura que perdí.

(Aparte a don Juan.)

Tristán	No te empeñes; que estás ciego, Y es de veras el doctor don Diego.
Juan	¡Qué loco error!
Tristán	Me quemen si no es don Diego.
Juan	Lo que obra el enredo es todo traza del doctor y mía.
Tristán	Tú pagarás tu porfía cuando estés puesto de lodo.
Aldonza	¿Qué es lo que os dice Tristán?

Juan	Viene, señora, admirado
de que el doctor disfrazado
es don Diego de Guzmán.
Dilo; que ya no es secreto,
y en eso me fundo yo.
Tristán (Aparte.)	(Estoy por decir que no,
para impedirle el efeto.)
Aldonza (Aparte.)	(Ya lo entiendo. Concertado
viene a la invencián Tristán.
Piensa engañarme don Juan,
y es él solo el engañado.)
Ya que la suerte, a los dos
contraria, don Juan, en esto
de manera lo ha dispuesto
que no os dé la mano a vos,
daros gusto en eso es justo,
por mostrar que si no hubiera
inconveniente, os la diera
quien la da por vuestro gusto,
asegurándome vos
que es don Diego.
Juan	Por mi cuenta
correrá, Aldonza, la afrenta
y venganza de los dos.
Cuanto más que si yo soy
don Juan, él don Diego.
Tristán	¡Y cómo!
Juan	Y ya digo que lo tomo
yo por mi cuenta.

Aldonza	Y yo estoy contenta con eso, y quiero casarme, aunque no lo fuera.
Juan (Aparte.)	(Como una simple cordera da la garganta al acero.)
Leonor (Aparte.)	(¡Qué alegre está y engañado!)

(Aparte a Tristán.)

Juan	Parte a llamar al doctor.
Tristán	Que te despeñas, señor.
Juan	¿Quieres no ser porfiado?
Tristán	Que es don Diego.
Juan	Pues don Diego, Quiero que la mano dé a Aldonza.
Tristán	Con eso iré.

(Vase Tristán.)

Juan	Advierte que venga luego; que importa la brevedad, Aldonza; que publicado que es don Diego, en lo tratado temo alguna novedad por la mucha diligencia

                      de su padre.

Aldonza   El sí fue mío,
                      y ponga vuestro albedrío
                      lo demás.

Juan (Aparte.)   (¡Con qué inocencia
                      va admitiendo mi venganza!)

(Aparte a doña Aldonza.)

Leonor   ¿Viste enredo más extraño?
                      Él se engaña con su engaño,
                      y tu cumples tu esperanza.

(Hablan las dos aparte. Sale don Félix.)

Félix   Don Juan, amigo...

Juan (Aparte.)   (¡Ay de mí!
                      ¿Si viene a estorbar mi intento?)

Félix   Si es fin de vuestro tormento,
                      tendré el hallaros aquí
                        a gran dicha.

Juan (Aparte.)   (Su intención
                      entiendo.)

Félix   Mas escuchad,
                      don Juan, una novedad
                      que os causará admiración.

Juan   ¿Y es?

Félix   Que el doctor es don Diego
         de Guzmán.

Juan   Más ha de un día,
         Félix, que yo lo sab}a.

Félix   Dicen más, que el amor ciego
           de Aldonza le trajo a Deza,
         de la corte.

Juan   También sé
         esa verdad.

Félix   Pues él fue,
         sin duda, quien su belleza
           mudable con vos ha hecho;
         y es bien que sienta el castigo,
         si vos queréis.

Juan (Aparte.)   (¡Ah enemigo!
         Celos te abrasen el pecho.)
           Ya la venganza prevengo.

Félix   Él viene.

(Salen don Pedro, Román, el Demonio y Tristán.)

Román   Haberme llamado
         don Juan con tanto cuidado,
         por buen pronóstico tengo
           de la ventura que espero.

Juan   Aldonza, informada ya

	de los méritos que os da
	el ser tan gran caballero,
	premia vuestras penas hoy.
	Solo aguarda vuestra mano.
Román	¿Quién no envidia el bien que gano?
	La mano y el alma os doy
	si puedo a tal posesión
	llegar sin perder el seso.

Cuando va a dar la mano, entran dos Familiares del Santo Oficio, con la insignia en el pecho, y estórbanlo y préndenlo

Familiar 1	Roman Ramírez, sed preso
	por la Santa Inquisición.
Tristán	¿No lo dije yo?
Aldonza	Román
	es éste?
Familiar 1	El mismo que veis.
Román	¡Ay de mí!
Aldonza	Ved lo que hacéis;
	que es don Diego de Guzmán.
Familiar 2	¿Qué don Diego?

(Aparte a Román.)

Demonio	Mi furor,
	Román, no os puede valer.

Aquí dio fin mi poder
porque el del cielo es mayor.

(Vase.)

Román (Aparte.)   (¡Ah infiernos! ¿Cómo el concierto
vuestro no me favorece?)

Aldonza   ¡Válgame el cielo! Parece
que de un gran sueño despierto.
  Otro que me pareció,
me parece.

Juan   ¡Yo estoy loco!

Familiar 2   Éste es Román, el que ha poco
que en Toledo castigó,
  porque la ley sarracena
guardaba la Inquisición;
que es morisco de nación.

Román (Aparte.)   (¡Ah falso infierno! La pena
  pago de mi desatino.)

Tristán   Agora caigo en la cuenta.
Éste es el que vi en la venta
mirar de mal al tocino.

Familiar 1   Andad, qué aguardáis, Román?

Román   No por ser de ley extraña,
menos que a vos me acompaña
la ley natural, don Juan.
  Obligado estoy por ella

        a pagar tanta amistad.
Ya que la pierdo, gozad
sin temor de Aldonza bella;
   que ni es Félix falso amigo,
ni jamás os ofendió.
Engaños son que trazó
la fuerza de amor conmigo.
   Con hechizos procuraba
el soberano sujeto
de Aldonza; mas en efeto,
quien mal anda en mal acaba.

(Vanse con él los Familiares.)

Tristán   Allá vayas, hechicero,
donde me dejes vengado.

Leonor   Todo se ha desfigurado
del que pareció primero.

Aldonza   Dadme la mano, don Juan,
pues soy la misma que fui,
y vos sois ya para mí
tan gallardo y tan galán
   como lo fuisteis primero
que nos mudase el encanto,
pudiendo en nosotros tanto
los artes de este hechicero.

Juan   Pues quedo tan satisfecho,
bella Aldonza, vuestro soy,
y a Félix los brazos doy.
[como, al fin, amigo estrecho.]
      ....[Leonor]

                        ....[casados]

Tristán   Aunque van salpimentados
                con casamiento, mi amor
                    lo estima, y tu mano espera.

Leonor   Bien lo debo a tu afición.

Juan   Y aquí, pidiendo perdón,
                da fin esta verdadera
                    historia, que sucedió
                año de mil y seiscientos.
                En sus rebeldes intentos,
                preso en Toledo murió
                    Ramírez, y relajado
                en su estatua, por su ciego
                delito pagó en el fuego
                el cadáver su pecado;
                    llevando, pues se fíaba
                de injustos medios Román,
                el castigo del refrán
                quien mal anda en mal acaba.

                Fin de la comedida

Libros a la carta

A la carta es un servicio especializado para
empresas,
librerías,
bibliotecas,
editoriales
y centros de enseñanza;
y permite confeccionar libros que, por su formato y concepción, sirven a los propósitos más específicos de estas instituciones.

Las empresas nos encargan ediciones personalizadas para marketing editorial o para regalos institucionales. Y los interesados solicitan, a título personal, ediciones antiguas, o no disponibles en el mercado; y las acompañan con notas y comentarios críticos.

Las ediciones tienen como apoyo un libro de estilo con todo tipo de referencias sobre los criterios de tratamiento tipográfico aplicados a nuestros libros que puede ser consultado en Linkgua-ediciones.com.

Linkgua edita por encargo diferentes versiones de una misma obra con distintos tratamientos ortotipográficos (actualizaciones de carácter divulgativo de un clásico, o versiones estrictamente fieles a la edición original de referencia).

Este servicio de ediciones a la carta le permitirá, si usted se dedica a la enseñanza, tener una forma de hacer pública su interpretación de un texto y, sobre una versión digitalizada «base», usted podrá introducir interpretaciones del texto fuente. Es un tópico que los profesores denuncien en clase los desmanes de una edición, o vayan comentando errores de interpretación de un texto y esta es una solución útil a esa necesidad del mundo académico.

Asimismo publicamos de manera sistemática, en un mismo catálogo, tesis doctorales y actas de congresos académicos, que son distribuidas a través de nuestra Web.

El servicio de «libros a la carta» funciona de dos formas.

1. Tenemos un fondo de libros digitalizados que usted puede personalizar en tiradas de al menos cinco ejemplares. Estas personalizaciones pueden ser de todo tipo: añadir notas de clase para uso de un grupo de estudiantes, introducir logos corporativos para uso con fines de marketing empresarial, etc. etc.

2. Buscamos libros descatalogados de otras editoriales y los reeditamos en tiradas cortas a petición de un cliente.

Printed by Libri Plureos GmbH in Hamburg, Germany